名师成长书系

U0570876

XIAOXUE SHUXUE
HUODONGKE JIAOXUE YANJIU

# 小学数学
## 活动课教学研究

梁星梅◎著

哈尔滨出版社
HARBIN PUBLISHING HOUSE

图书在版编目（CIP）数据

小学数学活动课教学研究 / 梁星梅著 . — 哈尔滨：
哈尔滨出版社 , 2021.4

ISBN 978-7-5484-6007-7

Ⅰ . ①小… Ⅱ . ①梁… Ⅲ . ①小学数学课—教学研究
Ⅳ . ① G623.502

中国版本图书馆 CIP 数据核字（2021）第 079167 号

书　　名：**小学数学活动课教学研究**
XIAOXUE SHUXUE HUODONGKE JIAOXUE YANJIU

------------------------------------------------------------

作　　者：梁星梅　著
责任编辑：曹雪娇
封面设计：智诚源创

------------------------------------------------------------

出版发行：哈尔滨出版社（Harbin Publishing House）
社　　址：哈尔滨市香坊区泰山路82-9号　　　邮编：150090
经　　销：全国新华书店
印　　刷：武汉颜沫印刷有限公司
网　　址：www.hrbcbs.com　　　www.mifengniao.com
E-mail：hrbcbs@yeah.net
编辑版权热线：（0451）87900271　87900272

------------------------------------------------------------

开　　本：710mm×1000mm　　1/16　　印张：13　　字数：200千字
版　　次：2021年4月第1版
印　　次：2022年8月第2次印刷
书　　号：ISBN 978-7-5484-6007-7
定　　价：46.00元

------------------------------------------------------------

凡购本社图书发现印装错误，请与本社印制部联系调换。
服务热线：（0451）87900279

## 本书编委会成员

一年级数学活动课教学设计：肇庆市第十五小学梁星梅、黄玉丽、陈宝俭、冼莉。

二年级数学活动课教学设计：肇庆市第十五小学梁星梅、赵惠红、关结卿、冯坚。

三年级数学活动课教学设计：肇庆市第十五小学梁星梅、苏莉婷、郭巧华、黄基业。

四年级数学活动课教学设计：肇庆市第十五小学梁星梅、彭燕、邓兴华。

五年级数学活动课教学设计：肇庆市第十五小学梁星梅、汤锦雪、关洁芝。

# 前 言

近年来，由于教学自身的品质发生了变化，数学学科已兼有科学和实验科学的特性，数学研究的方式有了相应的改变。与此相适应，小学数学教学的方式也应当有所改变。组织小学数学实践活动，应当成为广大小学数学教师常用的教学方式之一。科学的方法、相关能力的训练，只有通过数学实践活动，才能取得理想的效果。

有效的数学学习活动不能单纯地依靠模仿与记忆，不能一味地进行解题训练。小学生只有通过动手、动脑、动口，才能把实物的、图画的、符号的、口头的以及心智描绘的数学概念联系起来，深化对数学知识，特别是思想、方法的理解。有效的数学活动能激发学生学习数学的兴趣、提高学生学习的主动性、发展学生的数学思维、提高学生的创新能力。小学生参与数学实践活动，所考察、研究的对象以直观具体、形象生动的形式出现，从感性到理性、从具体到抽象、从简单到复杂。这符合小学生的认知规律，因此能取得良好的学习效果。

笔者在2001年到华南师范大学参加数学教育专业骨干教师省级培训时，接触到有关数学活动课的一些研究成果，也正是在这个时候开始根据学校的实际情况开展小学数学活动课教学的研究，撰写了结业论文《在小学数学活动课中，培养学生的创新精神》，得到华南师范大学何小亚教授的指导，得以通过答辩顺利结业。2001年—2002年，笔者在自己任教的班级开设了数学活动课程，得到了家长和学生的认可，后来个别数学老师也跟着开展实践。一直到2009年，笔者作为数学科组组长带领数学科组的老师开展"在小学数学活动课中，培养学生的创新精神"课题研究。这一课题在2011年获广东省创新成果奖。笔者没有停下研究的步伐，继续关注其他老师有关数学活动课的研究成果，发现大部分的数学活动课程是以奥数为内容，以培养尖子生为目标。而笔者研究的是面向全体学生的数学活动课，是综合知识的运用，关注趣味和综合运用能力的培养。2011年版《义务教育数学课程标准》在各学段中，正式安排了"综合与实践"的内容。课程标准指出，"综合与实践"内容设置的目的在于培养学生综合运用有关的知识与方法解决实践问题，培养学生的问题意识、应用意识和创新意识，积累学生的活动经验，提高学生解决现实问题的能力。教材安排每个学期数学"综合与实践课"一至两个内容，笔者根据学校的实践情况，认为可以安排每个学年十二个"数学活动课"，这样更有利于激起学生学习数学的兴趣，提高学生解决问题的能力，积累更多的活动经验。

　　"学习永远在路上……"期待我们共同在数学教学研究这条路上继续走下去，期待孩子们更加热爱数学，更富有创新精神！

梁星梅

2021年1月11日

# 目 录

第一章 研究的背景、意义和内容 …………………………………… 001

第二章 研究的理论依据和研究思路 ………………………………… 005

第三章 一年级数学活动课教学设计 ………………………………… 007

　第一节 数学活动乐园（一） ……………………………………… 007

　第二节 认识物体 …………………………………………………… 010

　第三节 有趣的图形 ………………………………………………… 012

　第四节 拼出美丽的图形 …………………………………………… 014

　第五节 整理房间 …………………………………………………… 017

　第六节 数学活动乐园（二） ……………………………………… 020

　第七节 套圈游戏 …………………………………………………… 022

　第八节 用钱的数学活动 …………………………………………… 024

　第九节 小商场 ……………………………………………………… 027

　第十节 小小运动会 ………………………………………………… 029

　第十一节 找规律 …………………………………………………… 033

　第十二节 排队的学问 ……………………………………………… 036

**第四章　二年级数学活动课教学设计** ················· 039

第一节　我长高了 ························· 039

第二节　认识角 ························· 042

第三节　看一看，比一比 ················· 045

第四节　剪角和数角 ····················· 047

第五节　数字小游戏 ····················· 050

第六节　简单的排列组合问题 ············· 052

第七节　拼、摆、说 ····················· 055

第八节　轴对称图形 ····················· 058

第九节　剪一剪 ························· 062

第十节　有多重 ························· 066

第十一节　买电器 ······················· 068

第十二节　火柴棍游戏 ··················· 072


**第五章　三年级数学活动课教学设计** ················· 074

第一节　行程中的学问 ··················· 074

第二节　一顿早餐的故事 ················· 077

第三节　预算联欢会费用 ················· 081

第四节　乌鸦哥哥变形记 ················· 085

第五节　生日快乐 ······················· 088

第六节　表格中的数学问题 ··············· 094

第七节　游玩中的数学问题 ··············· 096

第八节　做镜框 ························· 100

第九节　过河 ··························· 104

第十节　掷一掷 ························· 109

第十一节　制作活动日历 ················· 112

第十二节　24点 ······················· 117

**第六章　四年级数学活动课教学设计** ……………………………………… 119

第一节　不灭的圣火——数学奥林匹克 ……………………………… 119

第二节　从变化中找规律 ……………………………………………… 122

第三节　大钻石跳棋游戏 ……………………………………………… 124

第四节　倒推转化——巧拿硬币 ……………………………………… 126

第五节　可怕的白色污染 ……………………………………………… 128

第六节　旅游中的数学问题 …………………………………………… 131

第七节　猫抓老鼠 ……………………………………………………… 134

第八节　"奇偶性"的数学活动课 …………………………………… 136

第九节　奇数偶数 ……………………………………………………… 139

第十节　有趣的线绳游戏 ……………………………………………… 141

第十一节　中国剩余定理——韩信点兵 ……………………………… 144

第十二节　足球表面的数学知识 ……………………………………… 146


**第七章　五年级数学活动课教学设计** ……………………………………… 148

第一节　我为班级修桌椅 ……………………………………………… 148

第二节　我设计的旅游方案 …………………………………………… 151

第三节　我当小小气象员 ……………………………………………… 154

第四节　我帮爸爸铺地砖 ……………………………………………… 157

第五节　汽车车牌与数学 ……………………………………………… 160

第六节　数字的妙用 …………………………………………………… 163

第七节　巧测体积 ……………………………………………………… 167

第八节　长方体物品的捆扎 …………………………………………… 171

第九节　测量与面积计算 ……………………………………………… 175

第十节　找次品 ………………………………………………………… 178

# 第一章　研究的背景、意义和内容

## 一、研究的背景

现代教育的代表人杜威认为：对于儿童成长来说，一切科目只是处于从属的地位，它们是工具，它们以服务于成长的各种需要衡量其价值。教学方法之所以有效，全靠它们返回到校外日常生活中引起学生思维的情境。它们给学生一些事情去做，不是给他们一些东西去学。因此，他全面批判了学科中心主义的传统课程观念，提出了活动为主的课程思想，并主张要让儿童由做事而学习——"做中学"。

数学课程标准指出：学生的数学学习内容应当是现实的、有意义的、富有挑战性的，这些内容要有利于学生主动地进行观察、实验、猜测、验证、推理与交流等数学活动。内容的呈现应采用不同的表达方式，以满足多样化的学习需求。

由于学生所处的文化背景、家庭背景和自身思维方式的不同，学生的数学学习活动应当是一个生动活泼的、主动的和富有个性的过程。这就意味着学生要通过数学学习，激发数学学习兴趣，提升应用数学的能力，促进素质的发展。

### （一）学校教育脱离生活所引发的教育问题

1.在过去很长时间内，受学科本位、知识中心、考分至上思想的干扰，教育严重脱离现实生活，异化为纯粹的知识传授和技能训练，进而导致儿童创新精神、实践能力薄弱等现象。

2.教学内容较死板，不易使学生的思维开放，数学教育就成为一种游离于社会现实的、封闭的、复制型的和再现型的自我积累与发展的过程。

3.教学过程变得机械、沉闷和程序化，缺乏生气和乐趣，"学生学得苦，教师教得累"，缺乏对智慧的挑战和对好奇心的刺激。

### （二）国内外研究动态分析

1.国外数学课程开发的概况。随着课程权力的下放，课程体制的弹性化、灵活化，课程综合化、活动化已成为国际课程改革的主流之一。美国采用整合的方式，综合多学科知识，以主题为中心组织教学，重视解决问题和搜集信息能力的培养。日本在1989年设立"生活课"的基础上又增设"综合学习时间"，加强学习与现实生活的联系。另外，流行于欧美的STS课程、英国的"统合教学日"、韩国的"生活"等都体现了课程综合化、生活化思想。

2.国内有关学校的实践活动开发。浙江省前几年进行的学科综合研究，"基本上是以学科为中心的课程整合"。上海等地进行的研究性课程探索，为实践活动的开展提供了很好的范例。目前，在一些省级课程改革实验区，如无锡、青岛等地在开发实践活动时，开始注重发掘本地的特色资源。

### （三）仍然存在的问题

现行的数学教学，一般是以班级为基本的组织形式进行课堂活动。它是把学生个体学习组织成群体学习的一种活动形式。虽然在各位教育专家的千呼万唤之后，应试教育已经逐步向素质教育转变，但是课堂教学封闭、教育活动形式单一、教学方法呆板等问题仍然存在，数学学习与实际生活仍然脱离，学生仍然处于被动接受知识的状态，依附性强，创新精神和实践能力还是得不到很好的培养。

## 二、研究的意义

小学数学实践活动课，以其鲜明的教育性、科学性、实践性、思考性、趣味性、开放性、层次性特点去培养学生学习数学的兴趣，提高其创造能力，发展数学思维和问题意识，从而成为课改的热点之一。

1.数学实践活动能培养学生学习数学的兴趣。心理学研究表明：小学阶段的儿童对自己感兴趣的事情会尽力去完成，并且在遇到困难时，会主动地去探索、研究，努力寻找方法，使问题得到解决。

2.数学实践活动能激发学生学习的主动性。建构主义学习理论认为，数学学习不是一个被动的接受过程，而是一个主动的建构过程，即通过内部认识结构与周围环境之间的相互作用来建构知识。这就是说，我们的教学必须建立在学生已有的知识和经验的基础上，创设条件使新的学习材料与学生原有的认知结构相互作用，让学生主动地建构新的数学认知结构。实践活动提倡"做中学"，也就是让学生在各种各样的操作探究、体验活动中，去参与知识的生成过程、发展过程，主动地发现知识，体会数学知识的来龙去脉，培养主动获取知识的能力。

3.数学实践活动能有效发展学生的数学思维。注重数学思想方法的渗透和学生数学素养的提高是实践活动的核心任务。数学思想方法包括比较分析方法、模型方法、估测方法、推理方法、转化方法、统计方法等。在小学数学教学中，这些数学思想方法是通过解决问题而渗透，使学生在不知不觉中受到数学思想和方法的熏陶和感染。在实践活动中，教师应摆脱传统的教学模式的束缚，让学生大胆尝试，要允许学生失败，鼓励学生克服困难，不断探究。数学实践活动能为学生探索知识形成过程、掌握思想方法提供广阔的空间。因为，它可以让学生通过观察、操作、分析、比较、归纳，清楚地发现其本质的内在联系，从而获得知识，并在此基础上有所发展。学生通过动手实践，能够很快掌握图形之间的联系，以及相互可以"转化"的思想。

4.数学实践活动能提高学生的创新能力。培养学生的创新能力已成为素质教育的核心问题，也是激发学生主体意识的最高体现。在全面推进素质教育的进程中，作为基础学科的数学，更应注重学生创新能力的培养。为此，开展一些有组织的数学实践活动，可以给更多的学生施展才华的机会。特别是一些数学成绩不是很好的学生，在活动中常常可以扬长避短，产生很好的结果。教师再对这些学生进行鼓励，可以激发他们对数学的学习兴趣，提高其数学能力。数学实践活动可以在教师的参与和指导下由个人或以小组为单位完成。

## 三、研究的内容

根据活动课的特点，结合不同年级学生的认知结构和思维水平，活动课可分为如下课型：

1.数学史话课。介绍古今中外数学家刻苦学习、数学促进社会发展进步的故事及简单的数学史等，激发学生热爱祖国、热爱数学的情感，从小树立远大理想，培养勤奋学习、克服困难的品质。如数学故事会、数学名家事迹介绍、数学读书会等。

2.趣味数学课。通过数学游戏，学生在轻松愉快和谐的游戏活动中，领悟一些简单的数学思想和方法，享受成功的喜悦，激发学生学好数学的兴趣。如数学游艺、数学谜语、趣题讨论、数学展望等均属这类课型。

3.思维训练课。在学生已有的认知结构和能力的基础上，有计划地培养学生分析、综合、比较、抽象、概括、判断、推理等思维方式方法，培养思维的敏捷性、灵活性、深刻性、批判性等，不断提高学生思维发展的水平。如简算技巧、一题多解、一题多变、数列规律、图形变换、智力竞赛等。

4.实践应用课。开展多种形式的实践活动，如配合数学课制作教具学具、实地测量、参观访问、办数学墙报、商店服务、与数学有关的创造发明等，培养学生的操作技能和综合运用所学知识解决实际问题的能力。

5.竞赛辅导课。从全体学生的能力、爱好出发，适当组织专题讲座，使学生进一步加深对数学知识的理解，提高其灵活运用数学的能力，更加熟练地掌握数学的方法与技巧。

6.智力七巧板。组织中低年级学生参与"智力七巧板"科普系列活动，发现学生的兴趣和爱好，启发少年儿童的丰富想象力，发展学生思维，培养其探索和发现能力，从而促进学生全面发展。开发他们的智力，充分调动他们的手、眼、脑的运作和协作，在强烈的感观互动中发展他们的创造性潜能。

# 第二章　研究的理论依据和研究思路

## 一、理论依据

### （一）哲学依据

辩证唯物主义的实践观认为，人们的认识是一个以实践为基础的辩证过程，是从实践到认识，再由认识到实践的循环，由低级向高级发展的过程。实践既是认识的动力，又是认识的最终目的。数学的学习过程是一个不断实践的过程。人类认识事物，尤其是小学生对复杂事物的认识，不可能一蹴而就，而要经过多次反复，是一个积极的、能动的反映过程。从感性认识到理性认识，再由理性认识到感性认识，即实践、认识、再实践、再认识的多次反复过程，这是认识发展的基本规律。

### （二）学习方式依据

人类的学习活动，主要有三种形式：一是体验学习，二是发现学习，三是接受学习。体验学习是人类最基本的学习形式，学生在实践活动过程中，通过反复观察、实践、练习，对情感、行为、事物的内省体察，最终认识到某些可以言说或未必能够言说的知识，掌握某些技能，养成某些行为习惯，乃是形成某些情感、态度、观念的过程。而对于发现学习，学生必须通过对自然现象、文字材料等观察、阅读，发现问题，搜集数据，形成解释，并进行交流、检验和评价来完成。数学实践活动不仅要加强体验学习、发现学习，还要改善接受学习的形式，探求接受学习的新形式，使学生变被动接受为主动接受，活跃教学氛围，激发学生的学习兴趣与爱好。

## 二、研究的思路

### （一）因"材"制宜

设计活动内容和形式根据各年级教材的内容和学生的生活经验，作为活动课内容的参考点。

（二）以"活"养能

"活"—"趣"—"能"是活动的主支线，务求让学生寓学于玩，乐中求知，增长才干；以趣激学，培养个性，以发展学生思维为出发点。

（三）"内外"结合

采用"课外发现"—"课内解决"—"课外应用"的教学思路，改变传统的学习方式，杜绝填鸭式的教学模式，使学生的主体意识更浓，活动能力更强。

# 第三章　一年级数学活动课教学设计

## 第一节　数学活动乐园（一）

**活动内容：**

1.走数学迷宫。

2.对口令、拍拍手、找朋友。

3.小邮递员。

4.投球比赛。

5.智力大拼图。

**活动目标：**

通过游戏等实践活动复习巩固。

1.10以内数的顺序。

2.10以内数的组成。

3.基数与序数的区别。

4.10以内数的口算。

5.10以内数的大小比较及简单的统计图。

**活动形式：**

学生围坐成一圈，分别以小组和班级为单位进行活动。

**活动过程：**

## 一、导入

同学们，今天这节课老师带领你们到一个地方做游戏、学知识，你们愿意吗？（教师边板书边说："这个地方叫数学乐园。"齐读课题。）

## 二、游戏

1.请一名学生翻"数"字这张卡片，在背面找到第一个游戏"走数学迷宫"。

（1）活动形式、方法：脚要跳起来，边跳边大声说你跳的数，按顺序跳才能走出迷宫。

（2）指一名学生跳一次，师提问：还有没有别的路可以走出迷宫？找几名同学走几次。

（3）以小组为单位走迷宫。

2.找刚才表现最好的学生翻开"学"字卡片，找到对口令、拍拍手、找朋友的游戏。

（1）对口令

①游戏规则：一位同学到前面抽一张卡片问：我出几？你对几？几和几组成几？（例：一名学生抽8，说：我出4。其余同学说：我出4，4和4组成8。）

②指3—5名学生做这个游戏。

（2）拍拍手

①游戏规则：和对口令的第一步一样，先抽卡片，然后拍手，其余的人也拍手对出卡片上的数。（例：一名学生抽9后拍4下手，其余的同学拍5下手，谁错了就自动站起来，下次对了再坐下。）

②指3—5名同学做这个游戏。

（3）找朋友

①找出10个学生做数字娃娃，给他们戴上头饰1—10。

②让数字娃娃介绍自己是数字娃娃几。（例如：我是数字娃娃4）

③让学生指出一个自己最喜欢的数字娃娃，并出列。出列的数字娃娃问：谁是我的好朋友？能组成这个数的两个数字娃娃答：我是你的好朋友。出列的数字娃娃说：你们都是我的好朋友。全班同学用手势给他们照相。

④教师提问：哪个数字娃娃的朋友最多？哪个数字娃娃的朋友最少？为什么？

3.抢答7、8、6，答对的学生翻开"乐"字卡片。"乐"字后面的游戏有：排排站比反应和投球比赛。

（1）排排站比反应

①全班同学下来站队（6组）。

②报数。

A.从前往后报数，提问：这一排有几个人？

B.从后往前报数（记住你是第几个）。

C.老师喊到谁，谁就喊"到"，答对的到本组前面的小筐里拿一个小布球。（如：老师喊第五排同学举手，第五排的同学就到本排前面的小筐里每人拿一个小布球站好。）

（2）投球比赛

①投球规则：必须站在线的后面，投完以后从后面回到自己的座位上。

②投球。

③小组长到前边数一数自己的小组进了几个球。

④师在小黑板上贴出每组进球的个数。

⑤师指黑板上的统计图提问：谁能说一说哪组赢了？为什么？

⑥将任意两组进行比较，提问：谁多？谁少？多多少？少多少？

4.请冠军组的组长翻开"园"字卡片，后面有游戏：小邮递员和智力大拼图。

（1）小邮递员

①以小组为单位，一组站一排。

②游戏规则：每人到前面拿一张卡片，大声算出得数，把卡片投进相应的"信箱"，看哪一组投得对，投得快。

③进行投递。

④组长检查投递的对错。

⑤评出优胜组。

（2）智力大拼图（开发区风景图，挂历纸制作的）

①游戏规则：小组长领回自己组的卡片，然后每人拿一张大声算出得数，并贴在相应的位置上。

②开始拼图。

③将每组拼的图放在地面上，让每组同学观看并评价，哪组拼得好？为什么？

④师将每组拼的图组合起来贴在黑板上，组合成开发区美丽的风景图。

## 三、总结

同学们，你们看，这就是我们开发区的风景图，美不美？你们想把它打扮得更美吗？让我们一起努力动脑、动手，学好知识本领，把家乡开发区打扮得更美！

# 第二节　认识物体

**活动内容:**

长方体、正方体、圆柱和球知识的综合运用。

**活动目标:**

1.通过动手操作,加深对长方体、正方体、圆柱和球的认识,进一步感知这些图形的特征以及这些图形在生活中的应用。

2.初步体会平面和曲面,培养初步的观察能力和空间观念。

3.培养动手实践、自主探索和合作交流的能力,感受到数学就在身边,提高学习的积极性。

**活动重点:**

加深对长方体、正方体、圆柱和球的认识。

**活动难点:**

体会长方体、正方体、圆柱和球特征的应用。

**活动准备:**

教具:长方体、正方体、圆柱和球(若干个)。

学具:长方体、正方体、圆柱和球(每个小组一套);学生自带一些具体物体;每个小组一块滑板和一个黑布袋。

**活动过程:**

活动一:分一分

1.播放欢快的音乐,教师以有趣的语言介绍长方体、正方体、圆柱和球四兄弟,吸引学生的注意力。

2.学生根据自己对长方体、正方体、圆柱和球的初步认识,对自带的物品尝试分类。

活动二:比一比

1.谁搭得高

(1)猜一猜哪种图形搭得高。

（2）学生交流自己的猜测。

（3）四人一小组，动手搭一搭。

（4）小组选派代表交流讨论。

（5）组织讨论：为什么长方体、正方体和圆柱搭得比较高？

（6）引申设想：如果你是建筑设计师，你打算用什么形状的砖头？

2.谁跑得快

（1）猜一猜谁跑得快？

（2）学生在班内交流自己的猜测。

（3）学生尝试设计实验方案。（教师帮助学生确定实验方案，让长方体、正方体、圆柱和球同时从滑板上滑下来，看谁滑得快？）

（4）学生四人一组进行实验。

（5）各小组派一名代表交流实验结果。

（6）引导讨论：为什么圆柱和球滑得快？

结合学生讨论，教师指导：圆柱和球的面是弯曲的，能滚动，所以它们滚得快。

活动三：摸一摸、猜一猜

1.四人小组分工合作：一个人拿袋子，一个人提要求，一个人根据要求摸出规定的图形，一个人记录。

2.小组内交换角色活动：小组中一个人摸完，组内各成员角色交换，比比谁摸得准。

3.各组派一名代表到前面进行演示。

4.引导讨论：说一说摸得快的诀窍是什么？

活动四：搭一搭

1.投影出一些已经搭好的部分作品。

2.学生分组合作搭一搭，并为自己的作品取名。

3.全班交流搭好的作品以及搭建时的一些设想。

4.学生说一说自己搭建的作品是用哪几种图形，数一数每种图形各用了几个。

活动五：评一评

1.学生评选优秀作品。

2.教师为获奖者颁发奖品。

3.让获奖者说一说活动的收获和体会。

# 第三节　有趣的图形

**活动内容：**
长方形、正方形、三角形和圆的基本特征的综合运用。

**活动目标：**

1.知识目标

（1）通过摸一摸、看一看、画一画等操作活动，让学生认识长方形、正方形、三角形、圆，经历从"体"抽象出"面"的过程，体会"面在体上"，感受"体与面"的联系与变换，培养学生的空间观念。

（2）进一步了解长方形、正方形、三角形和圆各自的基本特征，能正确区分。

2.能力目标

（1）发展学生的空间观念和动手操作能力以及语言表达能力。

（2）感悟：领会不能从部分形状判断整体的道理，培养学生的推理能力，渗透不能以偏概全的辩证唯物主义思想教育。

3.情感目标

联系生活实际，体会长方形、正方形、三角形和圆在生活中普遍存在，感受数学与生活的密切联系，从而喜欢数学学习，同时渗透交通安全教育。

**教学重点：**
通过实践活动引导学生体会"体"与"面"的联系和四种平面图形的特征。

**教学难点：**
引导学生从"体"抽象出"面"，培养学生的空间观念。

**活动过程：**

## 一、谈话引入

同学们，你们喜欢画画吗？你们都喜欢画些什么呀？昨天老师在家里也画了一幅图，你们看这幅图是什么？（房子）好!说对了，你们仔细看这座房子上都有什么？（门、窗、烟囱等）再认真看，这座房子都是由你们认识的哪些图形组成的？（长方形、正方形、三角形和圆）说得真好!这些图形就是我们今天要认识的新图形朋友，这节课我们学习有趣的图形。同学们，你们准备先认识哪个图形朋友？（根据学生选择顺序出示并教学图形）同学们，你们看，三角形来和你们交朋友了。

## 二、认识三角形

有个要求谁来读一读？（小黑板出示）谁能找出"我"的特点，"我"就和谁交朋友。指名读，问：你们愿意和谁交朋友？请仔细观察三角形有哪些特点。

三角形有面吗？（有）谁能到前面摸一摸，它还有什么？（有边）有几条边？（3条边）有几个角？（3个角）是怎样围成的？是由3条边围成的图形，叫作三角形。

你们还准备认识哪个图形朋友？

## 三、认识圆形

以后我们见到这样的图形就叫它圆，必须是全封闭的。下面我们该认识哪位图形朋友了？

## 四、认识长方形

长方形有哪些特点？它有边吗？几条边？有几个角？（长方形有4条边、4个角，对边相等，4个角都是直角）

正方形已经等不及了，迫不及待地跑了出来，看谁能最先和它交上朋友？

## 五、认识正方形

正方形有什么特点？（它有4条边、4个角，4条边相等，4个角都是直角）

# 第四节　拼出美丽的图形

**活动内容：**

长方形、正方形、圆和三角形的综合运用。

**活动目标：**

1.加深对长方形、正方形、三角形、圆以及长方体、正方体、圆柱等的认识。

2.认识这些形体的特征和关系，培养初步的空间观念。

3.培养动手操作的能力、收集信息的能力、想象能力以及合作竞争意识。

4.感受数学与生活的联系，体验数学形体的美。

**活动重点：**

加深对长方形、正方形、圆和三角形的认识。

**活动难点：**

利用长方形、正方形、圆和三角形进行巧妙的设计。

**活动准备：**

教具：长方体、正方体、圆柱和棱柱（若干个）；纸板（若干张）；剪刀。

学具：长方体、正方体、圆柱和棱柱（每个小组一套）；学生自带一些具体物体；各种颜色的蜡光纸各一张；纸板（每人1张）；剪刀；胶水。

**活动过程：**

活动一：观察物体

1.教师展示教具模型，引导学生进行观察，并说出物体的名称。

2.学生在小组内展示自带的物体，并进行交流，说一说物体的名称。

3.小组讨论所观察物体的特征以及在生活中的应用。

4.教师引导进行全班交流，小组选派代表按以下顺序进行交流。

（1）说一说物体的名称。

（2）说一说物体的特征。

（3）说一说物体的应用。

5.引导讨论：怎样从这些物体中得到平面图形？

活动二：认识图形

（一）画一画

1.小组合理分工，根据物体侧面的特征，临摹出相应的几何图形。

2.小组进行交流，说一说几何图形的名称。

3.全班进行交流，举例说明日常生活中哪些物体的面是长方形、正方形、三角形和圆形。

（二）折一折

1.折一折长方形。

（1）在长方形纸上折出大小一样的两个长方形。

（2）在长方形纸上折出更多的小长方形。

（3）在长方形纸上折出正方形。

（4）在长方形纸上折出三角形。

（5）小组内进行交流（折出个数和折法）。

2.折一折正方形。

（1）在正方形纸上折出更多的小正方形。

（2）在正方形纸上折出长方形。

（3）在长方形纸上折出三角形。

（4）小组内进行交流（折出个数和折法）。

3.折一折圆形。

（1）在圆形纸上折出两个大小一样的图形。

（2）在圆形纸上折出更多大小一样的图形。

（3）在圆形纸上折出正方形和长方形。

（4）在圆形纸上折出三角形。

（5）全班进行交流。

（三）剪一剪（教师说明注意事项，学生动手操作）

1.剪一剪长方形纸折出的图形。

2.剪一剪正方形纸折出的图形。

3.剪一剪圆形纸折出的图形。

活动三：设计图案

学生根据自己的设想进行作品创作。

1.设计构思准备创作的作品。

2.在蜡光纸上剪出需要的各种图形。

3.将剪下的图形用胶水粘在硬纸板上。

4.给作品取个名称。

5.小组内进行交流。

活动四：作品展示

每个小组推荐代表作品进行展示。

1.说一说用到了哪些图形。

2.说一说作品的名称。

3.说一说创作的想法。

4.说一说作品的特点。

5.说一说作品的用途。

活动五：作品评价

1.学生评价。

2.教师评价。

3.确定获奖作品。

4.为获奖者颁奖（播放音乐）。

5.举办作品展览。

# 第五节 整理房间

**活动内容：**

物体分类。

**活动目标：**

1.知识与技能：培养学生能按一定标准给物体分类的能力，使学生学会按一定标准分类，初步感知分类方法的多样性。

2.过程与方法：通过亲自动手分一分体验并学习分类的方法，通过阐述分类理由引发学生间的思想分歧，从而产生学生间的互动，从中总结出分类的标准并不拘泥于一种，应视不同情况应用不同标准。

3.情感态度与价值观：对整理生活用品产生一定的兴趣，加深对数学的认识。

**活动准备：**

教具、学具准备：苹果、梨、桔子、白菜、油菜、芹菜、三个筐、六个图形。

**活动过程：**

活动一：创设情境，引入教学，体验分类

1.师：早晨，老师去超市买了几样东西，大家看看，都是什么呀？（苹果、梨、桔子、白菜、油菜、芹菜）由于装这些东西的塑料袋质量太差，东西都散落了。我又找来了两个塑料袋，哪位同学帮帮我，将这些东西装到塑料袋里，好吗？

2.指名上来帮助装好，并问理由：你为什么这样装？

（设计意图：这一环节的设计为学生创设生活展现的情境，把教材内容与现实生活有机地结合起来，使学生在生活实际中体会到数学知识的用途，体会到生活离不开数学，数学源于生活。学生体验了分类，从而引入教学。）

3.小结：这样分，就是我们生活中经常遇到的问题——分类。（板书：分类）

活动二：分一分，在具体情境中探索分类的方法

1.现在老师带同学们去超市看一看，好不好？去超市购物，别忘了拿筐呀。看，老师准备了三个筐，多精致、多漂亮啊！我们快来看一看，第一个筐是用来装玩具的，第二个筐是用来装文具的（渗透文具概念），第三个筐是用来装服装鞋帽的。（出示三个筐）

2.快来购物吧。可是你怎样把这些东西分别装在这三个筐里面呢？同桌快商量商量，说说你是怎样分的？

（设计意图：这一环节，主要是让学生通过动手操作体会到生活中处处离不开数学。教师要重视学生的动手操作，创设动手操作情境是发展学生思维、培养学生数学能力最有效的途径之一。）

3.小组汇报，师生评议。

活动三：整理房间

1.逛完超市了，我们该回家了，进到自己的小房间，哎呀！（学生反映：乱）那你们现在最想干什么？（整理房间）

2.快点吧，让我们行动起来吧。可是这么乱，怎么办呢？你能想想办法吗？

3.小组讨论：你是怎样整理的？为什么这样整理？给学生充分阐明理由的时间，让其他学生认真听并提出自己不同的看法。

4.反馈交流。

（设计意图：出示凌乱的房间这一学生熟悉的画面，具有鲜明的色彩，体现了浓郁的生活气息。教师适时地把学生的无意注意引向有意注意，激发了学生的探索欲望；引用情境揭示矛盾，让学生独立探究，寻找解决生活问题的数学策略，有意识地培养学生的数学应用意识和解决问题的能力，使之感受到数学知识在生活中的重要意义。）

5.小结。

活动四：我是小画家

1.坐在舒适、整洁的房间里，让我们来动笔画一画吧！

2.出示图片，看看是什么小动物。

3.你能把会飞的动物涂上你喜欢的颜色吗？

4.打开书52页，学生涂色，师巡视。

5.展示、交流。

（设计意图：以不同形式的方式对这一知识进行巩固练习，使学生从中体验出分类的标准并不拘泥于一种，应视不同情况应用不同标准。）

活动五：分图形

1.看图形。老师知道同学们都特别爱动脑筋，老师这里有一些图形，你们来分一分吧。每个小组长那里有一个信封，把信封里的东西拿出来，就是这六个图形。请每个小组的成员开动脑筋，集大家的智慧来想一想、摆一摆，看看这六个图形都可以怎样分。

2.小组合作，教师巡视。

（设计意图：注意教学中的全员参与，体现了学生较高的参与率。）

3.汇报交流：展示分的结果，说明分的理由。

4.小结：不同的标准，就分出不同的结果。

活动六：小结

# 第六节　数学活动乐园（二）

**活动内容**：

知识整理复习。

**活动目标**：

通过游戏等实践活动复习巩固。

**活动准备**：

球门、足球、道具树、小礼物、钟、长方体、正方体、圆柱体、球等。

**活动过程**：

## 一、"射门比赛"

活动设计：在教室准备一个球门，15个足球。射门点与球门相距5米。球门宽2米，高1.5米。

问题设计：

1.一共有（　）个球，踢进了（　）个，还有（　）个球没进。

2.你能列什么算式？（写出来行，说出来也行）

评价标准：　　你真棒!　　全对，不只一个算式。

　　　　　　　你不错!　　全对。

　　　　　　　加油啊!　　答对一道题以上。

## 二、"迎新年"

**活动设计**：

在教室中装饰好一棵树，上面挂着各种小礼物，每人选一件礼物，但必须先回答问题。问题以抽签的形式决定，每人3道题。（礼物可以是剪的各种图形或其他物品）

**问题设计:**

1.认识钟表,认识时间。准备:一面钟。

2.认识物体。准备:长方体、正方体、圆柱体、球。

3.位置与顺序。前后、左右、上下。

评价标准:你真棒!　　全答对。

　　　　　你不错!　　答对一道题以上。

## 三、"丢沙包"

**活动设计:**

丢沙包比赛,每人丢两次,比一比谁的分数多。当场列算式,算得分。

评价标准:你真棒!　　能列出算式,并且计算准确。

　　　　　你不错!　　能列出算式,计算不准确。

　　　　　加油啊!　　不能列算式。

# 第七节　套圈游戏

**活动内容：**
复习巩固100以内加法的计算。

**活动目标：**

1.复习巩固100以内加法的计算，提高计算能力。

2.复习100以内数的大小的比较。

3.联系生活实际进行估算。

4.渗透可能性的教学。

**活动准备：**

1.主题图：几个小朋友在玩套圈的游戏，前面摆着各种玩具，有小猴子、小狗、小鸡、小鸭子、小兔子、小熊猫、小猪、小熊、小花猫、小鹿等。每只动物身上都有一张卡片，上面分别写着：2分、5分、8分、9分、10分、11分、12分、15分、16分、19分。

2.每个小组准备各种小动物玩具各1个，圈2个，每个小动物身上贴的卡片，分别是：2分、5分、8分、9分、10分、11分、12分、15分、16分、19分。

**活动过程：**

## 一、小组活动

四人一小组，一人当组长，一人套圈，一人当记录员，一人当裁判。每人投两个圈，一人投完后，换另一人投。每人套完圈后，回到座位上计算出自己的得分，再比较小组内四人得分的大小。接着计算两人得分，看看小组内哪两人得分最高。最后计算出全组成员的总分，比一比哪组得分最高。

## 二、新授

1. 课件出示：投圈情境。提问：（1）王明投中了20分，他可能投中了哪两个圈？小组讨论后，指名汇报：可能是5分和15分，8分和12分，9分和11分。

（2）投中哪两个圈的得分比较接近20分？

2.课件出示：每人投两次，最高分可能是多少？最低分可能是多少？小组讨论后，学生汇报。（最高得38分，两次都投中最高分19分；最低得0分，两次都没投中。）

# 第八节　用钱的数学活动

**活动内容：**

收集、整理统计数据。

**活动目标：**

1.懂得正确的用钱观念和正确、合理的用钱方式，培养学生珍惜每一分钱的真实情感。

2.能够进行收集、处理数据和整理、统计工作。

3.培养学生合作、交流的意识、能力，以及实践能力。

**活动重、难点：**

活动重点：正确的用钱观念。

活动难点：正确合理的用钱方式，珍惜每一分钱。

**活动准备：**

1.购物情况登记卡、现金记账卡。

2.设置商场的情景，摆设好货物样品，安排好售货员若干名。

**活动过程：**

## 一、创设情境，激发兴趣

1.课件演示：一个小男孩（庄晓东）手里拿着一张20元人民币向超市商场跑去。

师：同学们，从屏幕上你想对同学们说什么？（鼓励学生大胆自由发言）

师：大家说得非常好！那么，你们自己有零用钱吗？父母给你的零用钱，你平时是怎样使用的？

2.分组（前后桌）交流如何使用零用钱。

各小组积极讨论，气氛活跃。

3.小组汇报交流。

教师因势利导，对使用比较合理的学生给予肯定表扬，对花费不恰当的学生给予纠正引导。

师：同学们都知道，钱是父母用辛苦的汗水换来的，是劳动的结晶，我们应当珍惜每一分钱，把钱用在有意义的地方。

## 二、模拟表演，实践体验

师：新学期开始了，父母都会给你们零用钱，大家想购买什么东西呢？今天老师带大家一起去逛超市，好吗？

1.进入角色，若干名售货员进场。

2.分发购物登记卡、现金记账卡。让学生把所购买的"商品"的名称、金额、购买理由等记入购物登记卡和现金记卡上。

3.分组合作进行模拟体验。

（1）教师注意调控场面，诸如"顾客"进入"商场"的先后顺序、购物的时间控制。

（2）充分让学生展示选购货物的自主性，关注学生所购物品的趋向，鼓励学生认真合理安排自己的零用钱，正确合理地使用零钱，并指导学生填好"两卡"以便交流。

4.分组交流，分享快乐。

（1）交流在活动中各自购买哪些物品。（介绍购物登记卡）

（2）交流买东西过程应该注意什么事项。

（3）谈一谈，在购物中，自己有哪些经验。

让学生说出自己的心里话，展示自己选购物品的自主性，以及合理安排零用钱的巧妙之处和购买物品的经验方法。

5.小组汇报交流。

（1）交流购买物品的意图。

（2）交流买东西中应考虑到什么。

（3）交流如何合理正确地使用零用钱。

教师正确引导，使学生从小养成勤俭节约的良好习惯，珍惜每一分钱，把钱用在最需要的地方和最适当的时候，做一个有主见、善理财、巧安排的好学生。

6.评选最佳消费者。

（1）师：听了每一组同学的精彩汇报，我很高兴，同学们都能合理利用零用钱，做一个勤俭节约的好学生。刚才，同学们都听了每个人的购物情况，请每一组同学评出本组中两名最佳消费者，也就是把零用钱用得最合理的同学。

（2）老师颁奖小红花给予鼓励，同学们的掌声热烈响起。

## 三、活动总结

同学们，随着经济的繁荣发展，人们的生活水平不断提高，父母平时给你们的零用钱也相对地增加。最适当、最合理地花费自己的零用钱，这对你们今后办事、做人都有很大的启发和帮助。

## 四、拓宽引深

师：今后，同学们可以学着按计划消费自己的零用钱，做一个有主见、巧理财的小能手。那么，下面请同学们帮一帮小明合理安排一天的食物好吗？

1.课件出示：小明妈妈要去开会，给小明50元钱，让他从网上买一天所需要的食物。只要打开电脑点击喜欢的食物，服务员就会把食物送上门，再付钱。

2.想一想，你该怎样帮助小明安排呢？下节课再请同学来说一说。

# 第九节　小商场

**活动内容：**

认识人民币。

**活动目标：**

1.复习人民币的面值、单位，掌握化聚，在"付钱"与"找钱"的过程中能初步应用。

2.与生活实际相联系，使学生能够认标价签，如："1.50""5.00""0.50"等。

3.在活动过程中，自然渗透估算意识，学会填写简单的统计表。

**活动准备：**

1.让扮演营业员的学生从校办商店里借来一些商品，了解价格，并做好记录，便于活动后如数归还。

2.为每件商品做好标价签。

3.在活动室布置好商场。

**活动过程：**

## 一、情境导入，激发兴趣

我们已经学习了有关人民币的一些知识，今天，我们就一起运用这些知识，到商场里去买东西，好吗？学生在老师的带领下，进入"商场"（活动室）。让营业员到自己的工作岗位上。

## 二、知识积累，认识标价签

1.在买东西之前，我们可以先逛一逛商场。在逛商场之前，你想了解些什么？

学生提出自己想了解的问题，教师根据情况做适当介绍。

2.营业员向同学们介绍各种标价签的认识方法，如5.00是整元的；1.50是几元几角的；0.50是整角的。

3.练习。

老师也有几张标价签，看看你们认识吗?

文具盒　4.80元　　　　　　　圆珠笔　2.00元

## 三、了解行情，渗透数学思想

1.准备逛商场。（渗透估算思想）

逛商场的时候，可以通过看标价签，先了解价钱，再估计一下你的钱够不够买，够买几样。

2.填表。（渗透统计的思想）

我们还可以把商品的价格记录在表格中，通过算一算，看看自己要花多少钱。再看看，刚才你的估计对不对。

（1）教师示范填表。

（2）学生逛商场、估算、填表。

（3）反馈学生填表情况。

（4）小组互查。

## 四、实战演练，实际购物

1.学生购物。（给学生充分的活动时间）

2.反馈购物情况。

（1）小组内相互交流：你买了什么? 你是怎么买的?

（2）班内交流（让一些学生代表发言）。

3.各营业员算出收入并汇报。

## 五、活动总结，课后延伸

今天，你们用所学的知识，解决了实际问题，真了不起! 以后，你们就可以帮爸爸、妈妈买东西了。同学们，你们说好吗?

# 第十节　小小运动会

**活动内容：**
综合复习100以内加、减法的计算和图形的认识。

**活动目标：**

1.知识性目标：借助生动有趣的故事情境"小小运动会"，综合复习100以内加、减法的计算和图形的认识，体会数学与日常生活的密切联系。

2.发展性目标：

（1）学会用数学的眼光看待周围的事物，并能发现数学问题，培养提出问题、解决问题的意识和能力。

（2）发展空间思维，培养观察和动手操作的能力，增强与他人交流的合作意识。

3.情感性目标：培养学生对学习数学的兴趣，渗透积极参加体育锻炼的思想，树立热爱祖国、报效祖国的爱国情操和民族自豪感。

**活动过程：**

## 一、导入新课，闯关入场

1.师：同学们，你们知道2008年的奥运会是在哪儿举行的吗？（北京）你们喜欢看运动会吗？今天，李老师就带你们去观看一场不一样的运动会，是小动物们举行的小小运动会。（板书课题）

2.（出示课件）大家看，这就是运动场的入口处，只要你们答对机灵狗出的题目，就可以进去观看比赛了。有信心吗？谁先来？（出示口算：32-8 45-15 63+8 5+29 25+7 34-9）

（设计理念：首先用"2008年的奥运会是在哪儿举行"这一话题导入新课，一下子就把学生的注意力吸引过来了；接着，用入口处闯关的形式让学生进行口算练习，激发他们的兴趣。）

## 二、观看开幕式，辨认图形

师：太好了，你们顺利地闯过了这一关。下面，我们就跟着机灵狗去观看小小运动会吧！

1.（出示动画的开幕式情境图）首先，要举行的是开幕式表演。请看，最先出场的是谁？（大雁方阵排成了"人"字形队伍飞出来了，它们围成的图形是三角形中的一部分，也就是我们今后要学习的"角"。）

2.接下来出场的是谁呢？蜻蜓方阵由哪些图形组成？蜜蜂方阵又由哪些图形组成呢？

3.这些动物给我们带来了精彩的表演，请你们猜猜蜻蜓和蜜蜂谁多谁少？你是怎么猜的？到底谁猜对了呢，让我们跟着机灵狗一起来数一数吧！它是10只10只数的，每10只用一个圈圈起来，这样不但数得快，而且不容易漏数。蜜蜂有几只？我们也来用刚才的方法数一数。

4.蜻蜓有25只，蜜蜂有30只，谁多谁少？多几只？你是怎么算出来的？

（设计理念：模拟的开幕式情境一下子就把学生吸引住，他们的目光是那么专注，看得那么认真，所以要他们回答看到什么时，就是一件轻而易举的事了。）

## 三、提出问题，解决问题

1.师：精彩的开幕式表演刚刚结束，紧张激烈的比赛开始了，到底有哪些小动物来参加比赛呢？我们赶快跟着机灵狗去比赛现场看看。它要你们认真观察，看能从比赛现场发现什么数学信息。（指名汇报）你能根据这些信息提出一些数学问题吗？

2.谁来提问题，谁来列出算式。在学生汇报的同时，教师贴出问题，板书算式。

3.这些算式，你们会计算吗？请你们拿出纸和笔分组列竖式计算，看谁算得又快又对。（用展台展示3人的作业）

4.师小结：我们刚才从运动会上准确地辨认出图形、提出了问题并解决了许多问题，你们可真了不起！

（设计理念：在这个环节中，引导学生从比赛现场发现数学信息，提出数学问题和解决数学问题，培养了学生搜集信息和解决问题的能力。学生在课堂中动口、动手、动脑，多种感官结合，激发了学生的兴趣。）

## 四、动手操作，设计奖杯

1.师：现在比赛快结束了，可奖杯还没有设计好，机灵狗请你们来帮森林之王设计奖杯。（出示课件）奖杯可以用这些图形来拼成，你们认识吗？大家看，这是……（一一辨认）

2.下面请你们四人小组合作拼一个奖杯，要求是：

（1）从篮子里选择你需要的图形，在小黑板上拼出一个奖杯。

（2）四个人要注意分工合作，共同拼一个奖杯，看哪一组拼得又快又好。音乐一停，大家马上停下。

3.师：要求都听明白了吗？好，预备，开始！（教师点击音乐，学生开始合作）

4.小组长把作品拿上来，请组长汇报：你们小组是用哪些图形拼成这个奖杯的？

（设计理念：小组合作利用图形拼出奖杯，既复习了图形的认识，又培养了学生的动手操作能力，还增强了学生间的合作和竞争意识。）

## 五、比赛结束，安排乘车

1.师：你们觉得这些奖杯漂亮吗？森林之王看到你们设计的奖杯，也非常满意。为了表示感谢，它要给拼好的每个小组奖励一面小红旗。森林之王按照你们的设计方案制作出奖杯，并把奖杯颁发给了获胜的运动员。

2.可是森林之王又遇到了一个难题：原来运动会结束了，小动物们要乘车回家。可两辆车够坐吗？怎样安排座位比较好呢？

3.请你们先动脑筋想一想，然后把自己的想法和同桌说一说，看怎样安排座位比较好。

4.指名汇报交流：你认为两辆车够坐吗？你是怎么判断出来的？

5.机灵狗感谢你们又帮森林之王解决了一个难题，现在小动物们都顺利地回到了家。今年的小小运动会圆满结束，让我们在明年的小小运动会上再见。

（设计理念："安排乘车"是一个开放题，培养了学生的多向思维和发散思维。）

## 六、小结收获，自我反思

师：小朋友！在今天的小小运动会上，你开心吗？

2008年奥运会已经过去了，老师希望你们好好学习，锻炼好身体，用棒棒的成绩、棒棒的身体来迎接下一届奥运会，到时候让我们继续为中国的运动健儿们呐喊加油吧！

（设计理念：总结时，鼓励学生努力学习，锻炼身体，迎接奥运。通过首尾呼应，不但有效地激发了学生的学习兴趣，而且对学生进行了爱国思想教育。）

# 第十一节    找规律

**活动内容：**

找规律。

**活动目标：**

1.学生经历探索日常生活中各种有规律的现象及其中简单的数学规律的过程，初步体会和认识这种现象和其中的简单规律，并能将这种认识应用到解决简单的实际问题之中，感受数学与生活的广泛联系。

2.观察、猜测、操作、验证以及与他人交流等活动，培养学生用数学眼光观察周围事物，用数学的观点分析日常生活中各种现象的意识和能力，激发学生对数学问题的好奇心，发展学生的数学思维。

3.同伴合作，自己动手，结合各自的生活经验，创造规律，展现聪明才智，体验数学学习的乐趣。

**活动准备：**

作业纸、水彩笔。

**活动过程：**

## 一、 游戏引入

师：同学们，我们一起来做个游戏好吗？老师说一个词语，你们用一个具体的动作来表示一下，准备好了吗？（拍手—拍手—跺脚）（3次）

师：同学们，你们猜猜接下去应该做什么呢？

师：哇，猜得真准，那谁来说说你们是怎么猜的呀？

师：同学们观察得真仔细。在我们日常生活中，也有很多像这样按照一定顺序、有规律的排列。今天，我们就一起来找规律。（板书：找规律）

## 二、 活动内容

**1.找规律**

猜表情：首先，老师要向大家介绍一位新朋友，他的名字叫小调皮。（演示课件）他可淘气了，一会儿微笑，一会儿大哭，一会儿又大笑。我们来学一下小调皮的表情好吗？看看哪个小朋友学得最像。你知不知道小调皮接下来会是什么表情呢？

噢，小调皮正微笑着对大家说："小朋友真聪明！"

放气球：小调皮又到公园里放气球了，观察一下气球，你发现了什么呀？下一个气球是什么颜色呢？

解密码：气球放完了，小调皮准备回家了。可他碰到了一道难题，他把门上的密码给忘了，你们愿意帮助他吗？

**2.画规律**

同学们真棒，找到规律就找到了解决问题的金钥匙。现在我们会找规律了，那你会画规律吗？（出示一组圆形）你能用你手中的水彩笔画画，使它们有规律地排列吗？（同桌交流，实物展示）

**3.算规律**

大家画的规律可真漂亮，老师想用这些有规律的圆形穿成一串美丽的项链。接下去，老师该怎么穿呀？那你知不知道从第一颗红色珠子开始往下数，第20颗是什么颜色？第31颗呢？这串项链一共可以穿43颗珠子，你知道最后一颗，也就是第43颗会是什么颜色吗？

**4.生活中的规律**

其实，像这样有规律的东西在我们身边还有很多，大家看。（课件演示：家具装饰—古文物—少数民族的服饰—跳舞的小朋友——一年四季）除了老师说的这些，你还知道我们生活中的规律吗？看看我们身边的，再想想我们平时看到过的，还有哪些？

**5.创造规律。**

原来啊，规律无处不在，想不想自己也来创造一些规律？

你能用动作来做一个规律吗？

今天，教师还帮大家准备了学具，你可以用材料袋中的学具来摆规律，也可以用水彩笔在作业纸上画规律，还可以用动作让大家来猜规律。下面我们四个一组，比一比，哪一组同学创造的规律多一些、美一些。

## 三、 活动总结

这节课，我们一起找到了生活中常见的一些规律，学完以后，你们有什么想法吗？

是呀，在我们的生活中还存在着许多有趣的数学现象，希望大家学会用数学的眼光多观察周围的事物。规律无处不在，大家回家再去找找我们生活中各种各样的规律，各种各样有趣的数学现象，好吗？

# 第十二节  排队的学问

**活动内容：**

给数字、图形等排队。

**活动目标：**

1.让学生在经历给数字、图形、小朋友排队的活动中，掌握排队的简单方法，培养学生的自主学习能力。

2.感受数学在日常生活中的作用，从中体验事物的发展顺序，能采用多种方法解决问题。

3.通过小组合作学习，让学生感受集体的力量，懂得与他人合作的重要性，初步学会与他人合作，并从中获得学习成功的愉悦。

**活动准备：**

学具：1—10的数字卡片、多种平面图形等。

教具：多媒体课件、实物投影仪等。

**活动过程：**

## 一、创设游戏情境，引出排队问题

1.学生看着大屏幕，一边拍手，一边读《拍手谣》。

从拍手游戏过程中，你发现了什么？（让学生发现从1按序排到10）

2.还可以怎样排？（从10排到1）

3.引出课题。（揭题并板书：排队的学问）

（设计意图：让学生通过动口、动手的拍手游戏，从1数到10来提供一组有代表性的数字作为学习材料。这样，既创设了民主、和谐、平等的课堂氛围，激发了学生的参与热情，又使学生从中体验到数学来源于生活，真是可亲、可信、可学。）

策略建议：

1.学生边拍边读，自然发现"数字"排队。

2.10比前面任何一个数都大，为什么总被排在后面，引出不同的排队方法。

3.对比从1到10和从10到1，激发学生探讨其他排法，引出排队的学问。

## 二、组织小组合作，探讨排队方法

1.给数字排队。（利用数字卡片1到10，排出与上面两种不同的排法）

（1）先自己排，你能想到几种不同的排法？

（2）在小组中交流、探讨不同的排法。（上台演示）

（3）教师归纳小结学生的排法。

2.给图形排队。（给不同颜色和不同大小的三角形、正方形、五边形、六边形排队）

（1）先自己排，你能想到几种不同的排法？

（2）在小组中介绍给其他组员听，你是怎样排的？（请排法不同的学生上台展示）

（3）教师归纳小结学生的排法。

（设计意图：小组合作交流给数字、图形排队的方法，不仅体现了课标倡导的解决问题多样化，还使学生人人领悟到小组合作学习的快乐，个个能享受学习成功的体验，达到共享、共进、共创的目的。）

策略建议：1.在给数字排队时，学生会排出1、3、5、7、9、2、4、6、8、10，像这样的排法，老师一定要抓住这个"闪光点"，让学生说说是怎么排的，从而引出可以隔一个排一个、隔两个排一个，进而排出许多排法。排法一出即可，数列知识不必渗透。2.在给图形排队时，除了按边数、大小、颜色来排，学生还可能受上面排法的迁移，按边数排时也来个先单后双、先双后单等，对此老师应及时回应。3.不管哪种排法，学生均有可能出现一种"随意排"，"无序即有序"，其实这种排法在生活中更多见，切不可一棍子打死。4.一年级的学生才刚涉及小组合作，因此要注意良好合作习惯的养成，一定要让学生先独立操作，感到自己力量不够，有话想说才合作。合作中要注意学生的表述、倾听、讨论。

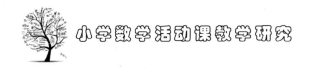
### 三、提供生活画面，领略排队学问

1.给下面每组图排队。

（1）小朋友吃苹果图。（洗、削、吃、扔四幅图）

（2）小朋友作息时间图。（一天中上学的几个代表性图）

（3）小朋友打扫卫生图。（洒水、扫地、倒垃圾、锁门）

（4）刘翔110米栏夺金图。（预备、起跑、冲刺、过终点线、领奖）

（5）给一组相片排排队。（本班一位学生学爬、学步、上幼儿园、上小学的相片）

2.给下面图中的人排队。（组织包含老人、妇女、小孩、年轻人的队伍参观展览情境图）

（设计意图：让学生通过判断、排列现实生活中的事物发展顺序情境图，从中悟出：生活处处有"排队"，排队方法有很多，但是按什么顺序排队有时还要结合具体情况来考虑；同时自然地渗透德育教育。）

策略建议：1.前面的5个排队问题涉及学生生活、学习，包含着卫生、健康、养成、爱国、感恩等内容。春风化雨衣，润物于无声，教师只宜用情境渲染，无须展开。（如刘翔夺冠时，采用视频回放，学生完全被感染）2.组织包含老人、妇女、小孩、年轻人的队伍进场观看，其实是对学生个人思想的一次检阅，不同学生有不同观念，自然也就有许多合理的不同排法。3.教师可以根据课堂时间动态选择第一组5个排队内容。

### 四、结合生活实际，运用排队方案

1.今天这节课你有哪些感想？你能说给大家听听吗？

2.结合下课，让学生设计出退场排队方案。

（设计意图：让学生用本课所学的知识来解决现实生活中的简单问题，充分体现课标指出的："学习数学的最终目的就是应用数学。"这样，既尊重学生的主体地位，调动学生的学习主动性，又培养学生的创新意识和实践能力。）

# 第四章　二年级数学活动课教学设计

## 第一节　我长高了

**活动内容：**

测量。

**活动目标：**

1.进一步巩固对长度单位的实际感知。

2.巩固测量的方法，培养动手能力。

3.经历各种测量过程，初步培养学生学习数学的应用意识、创新意识、合作精神和实践能力。

4.了解本年龄段学生的健康标准，初步形成健康意识。

**活动准备：**

学生准备学具——软尺、直尺；教师给每人发一张《小小体检表》、每小组一张《我长高了》测量表。准备身高测量器。

**学情分析：**

本节实践活动课是在学生建立了长度单位"厘米""米"的观念，学会了正确的测量方法以后进行的。这节课应该注意激发学生的活动兴趣，让学生在小组合作中进行充分的实践活动。教师在量身高这一项目上，要进行适当的组织和帮助；在测量的准确性方面，要加强指导。

**活动过程：**

## 一、复习导入

1.谈话

我们已经学习了哪些长度单位？（米和厘米）。你能比划出米和厘米的长度吗？你还知道有关长度的哪些知识？

教师指名让学生说一说，包括长度的测量的方法、测量的工具、米和厘米之间的进率等等。

2.揭题

今天我们的活动内容是：我长高了。

## 二、展开

1.小小体检表

（1）要测些什么呢？（看投影）出示：小小体检表。（表略）

说说要测些什么，应该怎么测？（测身高，由教师组织用身高测量仪来测）

（2）讨论小组分工。（四人小组内两人互测，并做好记录）

（3）合作测量。

下面我们就来分组比赛，看哪个小组合作能力最强，最爱动脑筋！（学生合作测量并填表。教师组织身高测量，并用电子表格或黑板上课前画好的表格做好记录。）

2.分析统计表

（1）观察、分析身高统计表。

教师指统计表：从我们班的身高统计表中，你了解了什么信息？

（2）小组汇报体检统计表，进行健康教育。

我们量出了头围、胸围和身高，那怎样才能看出我们的生长发育状况呢？老师这儿有一张6—8岁儿童生长发育对照表，（出示）根据测量结果和对照表，分析自己的生长发育情况。

## 三、拓展

1.你还想量些什么？估计一下你想测量的物体有多长，等会儿看看估计得准不准。

（1）出示小组测量表。（表略）

（2）小组汇报。

多让学生说一说自己的测量结果。教师板书有关数据，并进行必要的检验。对于比较长的物体，你是怎样测量的？指名上台测量给大家看一看。让学生学会用做记号的方法测量很长物体的长度。

2.分析测量结果

（1）通过这些测量结果，你发现了什么？

（2）引导学生进行数据的比较。如：最高的是谁？最矮的是谁？谁比谁高多少？等等。

## 四、总结

师：学了这节课，你有什么收获？有什么感受呢？说给大家听一听。

## 五、注意事项

1.本课板书可用电子板书的形式出现。

2.部分实践活动也可安排在课外进行。

3.如果没有身高测量仪，可以用学具里的软米尺量出一米的长度后再接着量，把两者的长度加起来就是学生的身高。

# 第二节  认识角

**活动内容：**

认识角。

**活动目标：**

1.结合生活情境，认识生活中处处有角，体会数学与生活的联系。

2.通过"找一找""折一折""比一比"等活动，引导学生直观认识角。

3.培养学生观察能力、动手操作能力及合作学习能力。

**活动准备：**

课件、纸。

**活动过程：**

## 一、导入

师：同学们，你们喜欢做游戏吗？

生：喜欢。

师：谁愿意说说喜欢做什么游戏？

生：老鹰捉小鸡……

师：同学都喜欢做游戏，那今天我们一起做个拼图游戏，好吗？

生：好。

师：拿4根小棒，想想看你能把它们围成什么图形呢？

生：正方形、菱形……

师：拿掉1根小棒，你能将它们围成什么图形呢？

生：三角形。

师：再拿掉1根小棒，你还能将它们围成图形吗？

生：不能。

师：让学生将小棒两头接住，拼成怎样的图形。（出示课件）

师：像这样的图形，我们就把它叫作角。（板书：角）

## 二、新授

### （一）活动一：做角
师：刚才我们用小棒拼成了角，那现在你们想不想亲自动手制作一个角？
生：想。
师：请同学们摸一摸、看一看，观察一下，这个角是由哪几部分组成的？
师：角是由一个顶点和两条边组成。（出示课件）

### （二）活动二：画角
师：同学们的小手可真灵巧，那你们想不想用你们那灵巧的小手把角画下来呢？现在就请你们在本子上画出你心目中的角。注意在画的时候要用上你们的小尺子。

学生动手画。教师找学生板书。

师：同学们画得可真漂亮，谁愿意告诉大家你们是怎样画出这个角的？

学生演示：首先画出顶点，然后从这个点向不同的方向画出两条直线组成了一个角。

师：你们真了不起，不仅画得好，而且说得也好。

师：看到同学们画得这么棒，老师也想画一个角，你们想不想看看我是怎么画的？（出示课件：画角）

### （三）活动三：分辨角
师：现在我们已经认识了角，也知道了角的组成部分，根据你们刚才所学的知识分辨一下屏幕中哪个是角，哪个不是角？

### （四）活动四：角的大小
师：现在你们看看屏幕上这三个角一样吗？
师：你们为什么说它们不一样呢？
师：对，角也是有大小的。
师：你们能比较一下这两个角的大小吗？（出示课件）
师：现在我们就拿出活动角和三角板来玩玩，然后观察一下，你们能说说角的大小与什么有关吗？

得出结论：角的大小与两边的长短无关，与两边张开的大小有关。

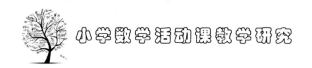

## 三、巩固练习

师：看到同学们学习的劲头这么足，小淘气想和大家一起到游乐园去玩玩。（出示课件）

咦，这是怎么回事，大门怎么是关着的呢？

原来只要数出这几个字母中一共有几个角，大门就会自动打开。同学们，你们能数出来吗？

生：能。

师：同学们真聪明。同学们这么热心肠，小淘气还有个问题想请教，走，我们一起看看去。（出示课件）

师：你们真棒，帮助小淘气解决了这么多难题。为了表示谢意，他想和你们一起做个小游戏，你们高兴吗？

生：高兴。

师：（出示课件）同学们，你们知道吗？

在我们人体上有许多许多的小秘密，请你们试着用自己身体的一部分来表示角，可以一个人，也可以两个人合作，我们比一比看看谁找到的角最多。

## 四、小结

其实在我们生活中的很多地方都可以找到角，只要你们细心地去观察，一定会有所收获的。

课后，老师要交给你们一个小任务，请你们回去后仔细地观察一下，把你们听说过的、见过的所有的角都记录下来。

题目就叫作"我所知道的角"。

# 第三节　看一看，比一比

**活动内容：**

用三角板判断直角和用直角画角。

**活动目标：**

1.通过这个活动培养学生的观察能力和空间观念，初步向学生渗透全面、辩证地看问题的思想方法。

2.通过用三角板判断直角和用直角画角，培养学生使用数学工具的能力。

**活动准备：**

每四人小组一辆玩具小轿车。

**学具准备：**

硬纸条、6个图钉。

**活动过程：**

## 一、导入

今天，老师带大家把我们这学期学到的一些有趣活动做一遍，喜欢吗？

## 二、观察物体的活动

1.（教师出示小轿车）你们瞧，这节课老师给你们带来了一个什么玩具？小轿车喜欢吗？下面请每个小组内的同学分别站在这辆小轿车的前、后、侧面。仔细观察，把你们看到的形状特征记在脑子里，在纸上画出你看到的画面。

学生开始根据教师要求观察物体，画画。

2.在小组内互相说一说你们所看到和画出的轿车形状的基本特征。

3.教师展示画得好的学生的作品。

其他学生说一说哪一种情况是他看到和画到的轿车形状。让学生说清判断的理由，即刚才所看到和画出的轿车形状的基本特征。

4.请学生说一说从不同角度观察物体后的感想。

（学生可能会说：我们看物体不能只看一面就断定它的形状，应该多从几个不同的角度去观察后再判定。）

5.故事引入：盲人摸象。

## 三、比一比、画一画

1.请学生拿出准备好的硬纸条和图钉，每人都做一个活动角。

2.同桌各转出一个角，比一比谁转出的角大，应该怎么比。

3.教师在黑板上摆出一个转好的角。请学生转出一个比黑板上的角大的角。（或者可以摆一个小一点的角）

学生边操作边让其说说角的大小跟什么有关系。（跟角的两边所张开的大小有关）

4.请学生转出一个直角。

学生动手转直角后，说明判定转的是一个直角的方法。（利用三角板上的直角来进行判断）

5.刚才，我们已经会用活动角转出一个角，那么，你们自己会画出一个角吗？

学生动手画一个任意角，说说是怎样画角的。

6.用直尺画一个直角，然后用三角板的直角判断一下画的是否是直角。

7.小组内互相检验一下其他同学画的是不是直角。

8.画三角板上的另两个不是直角的角。

## 四、小结

今天的活动，你们有什么收获？

# 第四节　剪角和数角

**活动内容：**

剪角和数角。

**活动目标：**

1.通过实际"剪一剪""数一数"的操作活动，学会数角的方法。

2.通过操作活动，增强学生的参与意识，培养操作能力和良好的操作习惯。

3.通过操作活动，提高学生的观察分析能力，初步培养学生思维的灵活性，发展学生的智力。

**教具、学具准备：**

吹塑纸所做的角的图形3个、长方形纸、剪刀、投影仪等。

**评价准备：**

红五星若干（或评价本一个）。

**活动过程：**

## 一、准备活动

出示图形。

师：这些都是什么图形？

师：你能说出角各部分的名称吗？

（请一个同学上台来，边指图边说。教师板书：顶点、边、边）

师：（指图）一个角有几个顶点，几条边？

（学生答，教师板书：一个角有一个顶点，两条边）

师：这三个角中哪一个角最大？哪一个角最小？

## 二、操作活动

师：同学们对角已有了初步的认识，今天我们就根据角的基本概念来做游戏，看谁会动脑！

1.拼角游戏

师：现在请同学们分成四人小组，做好准备。

（1）请拿出准备好的两个角。

（2）像老师这样把它们拼起来。（吹塑纸做成的模型在大黑板上示范）

（3）观察拼成的图形是什么图形？（还是角）

（4）找出它的顶点和边。

（5）想一想，数一数：拼成的图形中一共有几个角？（3个）

（待学生讨论出结果后，抽代表上台数给全班同学看）

（教师评价：拼对的在评价本上记上1个☆，既拼对又数对的记上2☆。）

师小结：从刚才的操作、观察中我们发现一个角加上一个角所拼成的图形所得到的是3个角，而不是2个角。

2.数角游戏

（1）请每组同学再拿出1个角，像老师这样拼在刚才拼的图形上。

（2）小组讨论，图中共有多少个角？

（1个角1个角地数，有3个；2个角拼在一起数有2个；3个角拼在一起数，有1个，一共有3+2+1=6个）

（抽代表上台数给全班同学看）

（教师评价：数出6个角的每人在评价本上记上2个☆。）

3.剪角、数角游戏

放录音。（投影仪出示背景）

春天来了，百花盛开，森林里兔妈妈带着她的三个孩子兴高采烈地玩着游戏。

兔妈妈拿出三张长方形的纸，分给她的三个孩子，然后说："今天妈妈来考考你们，看谁会动脑，如果把长方形的一个角剪掉，还有几个角？"（投影仪出示三个长方形）灰兔弟弟抿着嘴，想了一下，跳着说："4－1＝3，还有3个角。"

白兔姐姐拿起一张长方形纸，剪下一个角说："应该是5个角。"

黑兔哥哥也拿起一张长方形的纸先折了折，然后剪起来："妈妈，我认为还是有4个角。"

（配合录音，在投影仪上逐步打出3个、5个、4个）

三只小兔立刻争了起来，都认为自己的答案是正确的。

小朋友，请你拿出一张长方形的纸，先想一想、折一折，然后剪一剪，最后帮兔妈妈评一评，谁的答案是正确的。

（学生分四人小组各自先动手折一折、剪一剪，再讨论，教师巡回了解各组折、剪的情况）

（教师请学生将三种剪法分别贴在黑板上）

看了小朋友的结论，兔妈妈笑着对它的孩子说："孩子们，不必再争了，小朋友们告诉你们三个答案都是正确的。这道题的答案就是你们这三个答案。"

（教师评价：得出一种剪法记上一个☆。）

4.拓展活动

如果把长方形的角剪掉2个，那么剩下的图形中还有几个角？

（学生操作，用准备好的长方形纸一边讨论一边折、剪，教师巡回指导，启发学生从不同角度进行思考）

教师引导学生进行自我评价：剪对一个各记上1个☆。

请几个学生把自己的结果展示给全班同学看。（贴在黑板上）

## 三、全课评价

（统计每人所得☆数，评出本节课的优胜者，并鼓励全班同学）

活动课"剪角和数角"活动指导说明：

1.学生每人准备长方形纸4张，剪刀1把，硬纸壳剪的角1个，为拼角做准备。

2.本次活动是在学生初步认识角后，让学生在操作活动中培养操作能力和良好的操作习惯而设计的。因此教师要组织学生积极参与到活动中来，使其在活动中，充分发挥主观能动性，挖掘其潜在智能，从而提高学生的观察分析能力，初步培养思维的灵活性。因此本节的重点是放手让学生操作。

3.活动顺序可按设计完成，也可根据本班实际情况适当修改。

# 第五节　数字小游戏

**活动内容：**

数字小游戏。

**活动目标：**

1.培养学生的数感，训练学生的计算能力。

2.培养学生的合作能力。

**活动过程：**

## 一、引入

这节课我们来玩几个游戏，希望大家能在游戏中学习知识，锻炼思维。要想在游戏中获胜，必须认真记住和遵守游戏的规则，并且计算得准确和迅速。

## 二、游戏一

这个游戏与我们刚学完的"倍的认识"有关。游戏方法：每六人一个组，从任意指定的一人开始，顺序报数：1、2、3……凡报到7的倍数时就用拍手来代替报数。如果有人错报数，或拍错了手，就算犯规，再从犯规的人开始重新报数，或者报到70就从头开始。当游戏时间结束时没有犯规的同学就可以得奖。

游戏活动大概15分钟，结束时了解各组犯规的情况，对犯规的同学提出一些建议。

## 三、游戏二

本游戏主要考验大家对"乘法九九表"熟练的程度。组长派1—9号给本组的同学（轮流拿牌）。游戏开始，老师说出一个数，例如15，大家都知道15是3

和5的乘积，拿到3和5这两个号码的同学要立刻站起来，最快的组就加两个星，第二的加一颗，第三、第四的没有，站错的要扣一颗星。希望大家要用心!

## 四、总结

## 第六节　简单的排列组合问题

**活动内容：**

简单的排列组合问题。

**活动目标：**

1.通过观察、操作、实验等活动，找出简单事物的排列组合规律。

2.培养学生初步的观察、分析和推理能力以及有顺序地、全面地思考问题的意识。

3.感受数学在现实生活中的广泛应用，尝试用数学的方法来解决实际生活中的问题；在数学活动中养成与人合作的良好习惯。

**活动过程：**

## 一、创设情境，激发兴趣

今天我们要去"数学广角乐园"游玩，你们想去吗？

## 二、操作探究，学习新知

### （一）组合问题

1.看一看，说一说

我们先在家里挑选漂亮的衣服穿上吧。（课件出示主题图）

这么多漂亮的衣服，你们用一件上装搭配一件下装，可以怎么穿呢？（指名学生说一说）

2.想一想，摆一摆

（1）引导讨论：有这么多种不同的穿法，那怎样才能做到不遗漏、不重复呢？

①学生小组讨论交流，教师参与小组讨论。

②学生汇报。

（2）引导操作：小组同学互相合作，把你们设计的穿法有序地贴在展示板上。（要求：小组长拿出学具衣服图片、展示板）

①学生小组合作操作，教师巡视参与小组活动。

②学生展示作品，介绍搭配方案。

③生生互相评价。

（3）教师引导观察：

第一种方案（按上装搭配下装)有几种穿法？（4种）

第二种方案（按下装搭配上装?有几种穿法?（4种）

教师小结：不管是用上装搭配下装，还是用下装搭配上装，只要做到有序搭配就能够不重复、不遗漏地把所有的方法找出来。在今后的学习和生活中，我们还会遇到许多这样的问题，都可以运用有序的思考方法来解决它们。

（二）排列问题

数学广角乐园到了，不过进门之前我们必须找到开门密码。（课件出示密码门）

密码是一个由1、2、3组成的两位数。

1.小组讨论摆出不同的两位数，并记下结果。

2.学生汇报交流。（教师根据学生的回答，点击课件展示密码）

方法一：每次拿出两张数字卡片能摆出不同的两位数。

方法二：固定十位上的数字，交换个位数字得到不同的两位数。

方法三：固定个位上的数字，交换十位数字得到不同的两位数。

教师小结：三种方法虽然不同，但都能正确并有序地摆出 6 个不同的两位数，同学们可以用自己喜欢的方法操作。

3.生生相互评价。

## 三、课堂实践，巩固新知

1.乒乓球赛场次安排

我们先去活动乐园看看，这儿正好有乒乓球比赛呢。（课件出示情境图）

（1）教师提出要求：每两个运动员之间打一场球赛，一共要比几场?

（2）学生独立思考。

（3）指名学生汇报。

2.路线选择（课件展示游玩景点图）

我们去公园看看吧，途中要经过游戏乐园。

（1）教师引导观察：从活动乐园到游戏乐园有几条路线？哪几条？（甲、乙两条）从游戏乐园去公园有几条路线？哪几条？（A、B、C三条）（根据学生的回答，课件一一展示）

从活动乐园到游戏公园到底有几种不同的走法？

（2）学生独立思索后小组交流。

（3）全班同学互相交流。

3.照相活动

我们来到公园了，这儿的景色真不错，大家照几张相吧。

教师提出要求：摄影师要求三名同学站成一排照相，每个小组根据每次合影人数（双人照或三人照）设计排列方案，由组长做好活动记录。

（1）小组活动，教师参与小组活动。

（2）各小组展示记录方案。

（3）师生共同评价。

4.欣赏照片

在同学们照相的同时，小丽一家三口人也正在照相呢，看看他们是怎样照的。（课件展示照片集欣赏）

# 四、总结

今天的游玩到此结束，同学们互相握手告别好吗？如果小组里的四个同学每两人握一次手，一共要握几次手？

# 第七节　拼、摆、说

**活动内容:**

平面图形。

**活动目标:**

1.通过具体的"做",巩固对所学常见平面图形的认识,体会图形之间的联系与区别,感受图形变化的乐趣,提高学习的兴趣。

2.根据图形的不同特点进行简单的判断、推理,培养学生初步的逻辑思维能力。

**学具准备:**

小棒、直尺、三角板。

**活动过程:**

## 一、导入

今天,我们继续进行有关我们这学期学习的一些有趣活动,好吗?

## 二、拼一拼、摆一摆、说一说

1.拼摆基本图形

(1)以四人为一组,请同学们用小棒各摆出一个我们学过的图形。摆好后,小组长组织组员互相说一说这些图形都有哪些特征。

学生开展活动,教师在各小组间巡视指导。

(2)学生交流汇报拼摆的学过的图形。在交流时引导学生说清用几根小棒摆了一个什么图形。

学生可能会汇报:

"用3根小棒摆了一个三角形。"

"用6根小棒摆了一个长方形。"

"用4根小棒摆出了一个正方形。"

教师追问："三角形、长方形、正方形各有什么特征？"

学生可能会回答：

"三角形有3条边，三个角。"

"长方形有4条边，对边相等，还有4个直角。"

"正方形也有4条边，4条边都一样长，还有4个直角。"

（3）引导学生思考回答：

"用6根小棒能摆几个三角形？"

"摆3个长方形需要几根小棒？"

"如果要摆大一些的图形可以怎样摆？要多少根小棒？"

……

学生可以动手摆一摆后回答。

对于第3个问题，学生可能会摆出六边形、八边形等，教师都应当予以表扬鼓励。

2.拼摆组合图形

（1）激趣：刚才同学们已经知道了用6根小棒可以摆2个三角形，那你们能不能想个办法用少一点小棒也摆出2个三角形呢？

学生动手试着摆图形。（利用一条公共边，只要5根就能摆出两个三角形。）

（2）你们能不能试着用较少的小棒摆出比较多的图形呢？

学生在小组内各自动手摆图形。先在小组内交流。

请几组同学来展示自己拼摆的图形，让学生说清用了几根小棒摆出了几个图形。对于用较少的小棒能摆出较多图形的学生应及时给予肯定，增强他们创新的信心。

3.拼摆生活中的图形

（1）激趣：同学们都知道我们生活中的许多物体都是由多个不一样的图形组合而成的，你们发现了吗？

可请一两名学生说说他们见过的组合图形。（如一个三角形和一个正方形可以拼出一间房子。）

（2）学生各自进行拼摆活动，在小组内交流用什么样的图形摆出了什么物体。

（3）在全班交流展示学生所摆组合的生活中的图形。对学生的每一种方案都应予以肯定，以激发他们的参与兴趣。

## 三、小结

今天，你们都摆了哪些图形？你们又学到了哪些知识？

你还想摆出、拼出哪些图形呢？

# 第八节　轴对称图形

**活动内容：**

轴对称图形。

**活动目标：**

1.通过观察、操作活动，初步认识轴对称图形的基本特征。

2.理解对称轴的含义，能画出轴对称图形的对称轴。

3.培养学生的观察能力、想象能力，同时感受轴对称图形的美。

**活动准备：**

信封、纸、彩色即时贴、剪刀、长方形、正方形、圆形、剪刀、钉子板、水彩涂料。

**活动过程：**

## 一、导入

1.师：同学们，我们生活的这个世界是由许许多多美丽的物体组成的。一片碧绿的树叶、一只漂亮的蝴蝶，都能带给我们美的享受。现在，李老师这里有几张精美的图片，你们想不想看？（想）

（课件出示图片）

师：谁来说说图中都有什么？（蝴蝶、枫叶、双喜字、京剧脸谱）

师：他说得对吗？请同学们再仔细观察，这四个物体虽然不是同一类型的，但它们有一个共同的特点。同学们，同桌两人谈论一下，你们能发现这个共同点吗？（同桌讨论）

生：我发现这些物体的左右两边都是一样的。

师：你们都发现这个特点了吗？（是）那么怎样验证它们两边完全一样大呢？

（学生说自己的想法）

师：请同学们看大屏幕。（教师边演示课件边讲解）

师：这是刚才出现的那片枫叶，下面我把它从中间对折，它的左右两边怎样了？（重合）对了，左右两边完全重合在一起，是不是说明左右一样大呀？（是）

师：像这样，物体对折后两边完全重合在一起的图形，我们就叫它轴对称图形。这节课，我们就来一起研究轴对称图形。

（板书课题：轴对称图形）

2.师：同学们，你们想不想也来折一折验证一下呢？（学生自己折图片）

交流：你折的是什么图形？（蝴蝶）重合了吗？（完全重合了）你发现它是不是轴对称图形？（蝴蝶是一个轴对称图形）

师：谁和他折的不同？（学生演示自己折的双喜字、京剧脸谱）

3.一个图形，它既可以左右对称，又可以上下对称，还可以这样斜着对称。注意：只要对折后可以完全重合，大小完全一样，我们就可以叫它是轴对称图形。

4.师：刚才咱们在对折时出现了一条折痕，你们知道这条折痕叫什么吗？

这条折痕，咱们把它叫作对称轴。我们一般用虚线来表示。现在请你们将刚才的轴对称图形拿出来，在上面画出它的对称轴。

师：怎样才能画得很直？（用直尺画）

（展示学生画的对称轴）

5.判断下列图形是不是轴对称图形，并将轴对称图形的对称轴画出来。

乒乓球拍√　　　字母A√　　　1×

梳子×　　　五角星√　　　圆√

## 二、剪对称图形

师：同学们判断得不错。（出示黑板上的轴对称图形）

师：请大家看黑板，这几幅图形，都是李老师课下自己剪的。大家观察一下，它们是不是轴对称图形？（是）怎样才能够剪出真正对称的图形来呢？你们有什么好办法吗？两个人商量一下。（同桌讨论）

教师引导学生：先将纸对折，以对折线为中心，画一半图案，然后再剪下来，打开后就是一个轴对称图形了。

师：课前，李老师发给你们一些彩色即时贴，请同学们自己剪一个比较简单的轴对称图形。开始。

（学生剪，教师指导）

展评：剪好的同学，能把你们的作品放在黑板上吗？

（学生评价别人的作品）

## 三、数对称图形的对称轴

师：请大家拿出信封，里面有什么？（长方形、正方形、圆形）

1.拿出长方形的纸来，试着折折看，它有几条对称轴？（2条）

2.正方形有几条对称轴？（4条）

3.圆形有几条对称轴？（无数条）

师小结：看来，轴对称图形的对称轴有的是一条，有的是几条，有的是无数条。

## 四、找对称图形

师：这节课中，我们研究了那么多的轴对称图形，你们观察一下，咱们教室里，有哪些物体是轴对称的。

（学生回答，教师讲解）

师：同学们发现的可真多，其实轴对称图形在生活中的应用特别大，你们想不想开开眼界呢？

（展示对称的现象）

教师讲解：钟表的外观是对称的，这种对称不仅为了美观，更保证了钟表走时的均匀性和准确性；飞机外观的对称能使它在空中飞行保持平衡。我国劳动人民在很早以前就发现了对称的美，看！民间常用的对联、古诗中的对仗都有一种内在的对称关系。又比如，我国民间的手工品，中国结、窗花等，它们的对称充分体现了对称的艺术美感。对称还是自然界的一种生物现象，许多动、植物都有自己对称的形式。比如人的脸，以鼻尖为对称轴，眼睛、耳朵、嘴都是对称生长的。眼睛的对称使人观察物体更加准确，耳朵的对称使我们听到的声音具有较强的立体感，而双手、双脚的对称则能保持身体的平衡。服装大多是对称的，对称的设计看起来更美观、庄重。对称的原理也被广泛地运用在建筑上，例如：北京的故宫，又叫作紫禁城，它的整体布局是对称的，前三殿、后三宫在对称轴上，其他宫殿对称分布，是我国现存最大、最完整的建筑群。上海的南浦大桥，左右、前后都是对称的，对称的设计使大桥更加牢固、结实。下面请同学们欣赏其他国家的对称建筑，巴黎的埃菲尔铁塔、泰国的泰姬陵、法国的凯旋门，这些建筑的设计都是对称的、和谐的。

## 五、动手实践

师：课前我给你们每个小组发了一些物品，请大家选择自己喜欢的物品，尝试制作轴对称图形。

（学生活动）

展示：

（1）用涂料的学生讲方法：我先将纸对折，然后打开，沿对称轴用涂料在一边画出图形的一半，然后再对折，这样涂料就印到纸的另一半，就画成一个轴对称图形。

（2）用剪刀剪的同学讲方法。（略）

（3）用钉子板围的同学讲方法。（略）

（4）用网格纸画的同学讲方法：我先画对称轴，然后画图形的一边，再对照这边的样子画另一边，左边占几格右边也占几格。

全班评价。

## 六、全课小结

师：通过这节课的学习，你有什么收获？

（学生谈收获）

师：同学们说得真好。对称图形很美，希望同学们能发挥自己的智慧，创造出更多对称的图形，把咱们的生活装扮得更美丽。

# 第九节 剪一剪

**活动内容：**

平移和旋转。

**活动目标：**

1.培养学生的动手实践能力，结合图形加深对图形的平移和旋转的认识，并从中感受到学习数学的乐趣。

2.在探索规律的过程中培养初步的形象思维能力和逻辑思维能力。

3.通过剪纸，充分发挥学生的想象力和创造性，初步培养学生的创新意识。

**活动准备：**

教具：一个小人、半个小人的错误画法；整副的2个、4个、8个小人；一张彩纸；某班《剪纸欣赏》。

学具：剪刀；每人一张小纸；信封里：每人三张大纸；两人一张示范图案。

**活动过程：**

课前：媒体欣赏《中国剪纸艺术》。（重复播放）

## 一、激趣引入

师：刚才我们欣赏了很多漂亮的剪纸作品。你以前剪过吗？剪过的请举手。谁来说说看，你剪了什么？（问3个学生）

## 二、探究新知

### （一）单一对称小人的剪法

师：这里有个小人，你会剪吗？该怎么剪？（媒体出示单一对称小人的剪纸，叫2个学生说）

（教师边小结边媒体演示：纸对折，画好半个小人……）

师：刚才小朋友都认为先对折（演示：纸对折），把纸分成了这样的两块

（让学生跟说），在其中一块上像这样（演示：画半个小人）画上半个小人，剪下来就能得到一个完整的小人。是不是这样呢？我们一起来试试看。

师：拿好桌上的纸，做好准备。有些人还没准备好哦，听老师的口令。开始动手吧。

学生动手剪，教师边巡视边选择几个学生的作品，再一次性投影出作品进行讲评。

**讲评：**

师：这是几个小朋友刚才剪的作品，让我们一起来欣赏一下。你有什么想说的？

（让学生自由说）

师：有的剪得很成功，有的有些缺点。但是，他们都剪出了完整的小人。

为什么只画半个就能剪出一个完整的呢？你能用数学知识来解释一下吗？

原来，是对称的原因啊。是不是只画半个，就一定能得到一个完整的小人呢？为什么？

师：这里也只画了半个，老师把它剪下来。

（边说边演示教具：错误画法导致剪出不完整的小人）

师：怎么这样了？

（让一个学生对师的演示发表看法）

师：（切换到媒体上的半个小人）在画半个小人时要注意些什么呢？

师：这一边（鼠标指一指）相当于这个轴对称小人的什么？

师小结：（教具出示半个小人）看来，我们都认为先对折，（演示纸对折）把纸折成了这样的两块，再在其中一块上找准对称轴，沿着对称轴的这边（手指）画上半个小人。这样，就能得到一个完整的小人。

（教师把教具贴在黑板上）

**（二）多个并排排列的小纸人的剪法**

1.尝试讨论

师：老师这里也只画了半个，你知道剪出什么了吗？看，老师剪出了2个、4个、8个，甚至更多的一串串手拉手的小人。

（黑板出示教具：2个、4个、8个的小人）

师：你会吗？有什么方法？

师：多折几下，真能剪出这样一串串手拉手的小人吗？让我们一起来动手剪一剪。

请四人小组组长给你的组员每人发一张。准备好了吗？开始动手吧。

学生动手尝试，教师巡视做个别指导。

2.展示探究

师：现在，我们来统计一下，剪出手拉手的小人请举举手。

师：很多人都成功了。表扬一下自己。不过，刚才老师还看到，有几个同学剪成这样了，有的剪成这样，还有这样的。（媒体逐个出示错误剪法）

师：怎么会剪成这样？我们来帮他们想一想，有什么好办法能剪出正确的手拉手的小人？

（手指黑板上的几串小人，让学生独立思考一会儿。）

师：四人小组互相讨论一下。

（讨论后，叫一个小组上台汇报讨论结果。）

师：你们组有什么好办法？这里有张纸，你们可以边说边示范。（学生说）

师：其他人有补充吗？

教师拿纸演示并小结：看来，我们还是要找准小人的对称轴，沿着对称轴这边画上半个小人，手不仅要画到边，还要剪到边。这样，才能剪出一串串手拉手的小人。

（三）找规律

1.学生操作

师：接下来，让我们再用正确的方法来剪一剪，好吗？小组长再给你的组员每人发一张彩纸。开始动手吧！（学生剪，教师巡视）

2.反馈

师：剪成功的举手。你剪了几个？你呢？

师：为什么小人的个数会不一样？小人的个数和什么有关呢？

生：和折的次数有关。

师：折的次数越多，纸被分成的块数也就越多。看来，小人个数和折成的块数有关。

（教师投影一串小人）

（1）教师演示数：我们看看这串小人，它被折成了几块？剪出了几个小人？（和学生一起数）

（2）学生数：你会数了吗？把你剪的所有小人摊在桌上，数一数，折成了几块？有几个小人？

（让学生自由数）

（3）反馈填表：我们一起来填好这张表。（媒体出示表格）

学生说，教师填好表格，最后一栏用"……"。

3.揭示规律

师：看这张表格，你发现了什么？

师：要剪出4个小人，就要把纸折成几块？

师：把纸折成16块，就能剪出几个小人？

师小结：我们都发现了其中的规律：剪出的小人个数总是折成块数的一半。

## 三、总结

师：回想一下，这节课我们学了些什么？从剪纸中你发现了什么？（生说，师揭示课题并板书）

根据图形的对称，把纸多折几下，只要找准小人的对称轴，沿着对称轴的一边画上半个小人，就能剪出一串串手拉手的小人。

## 四、运用拓展

1.师激趣：我们知道了怎么剪，还发现了其中的规律。除了剪小人，老师相信小朋友一定还能剪出更多、更漂亮的图案。让我们像电脑一样，做个剪纸欣赏，好不好？我要把你们剪出的一串串漂亮的作品贴在这张纸上。

师：你们想剪什么？

师：老师也为大家准备了几个漂亮的示范图案，（媒体逐个出示示范图案）小组长的信封里也有，同桌两人拼一张。动手之前，老师有个要求，请你先想好剪什么、剪几个，要剪这样的几个图案要把纸折成几块呢。想好了吗？开始动手吧。

2.学生动手剪多个并排排列的图案，教师巡视并个别指导。

3.作品展示：师逐个把学生的优秀作品粘贴到画纸上。

# 第十节　有多重

**活动内容：**

有多重。

**活动目标：**

1.称体重、做记录、进行分类整理等实践活动，使学生进一步理解和掌握前面学过的知识，并感受到数学就在我们身边，提高学生学习数学的兴趣。

2.掂一掂、称一称的实践活动，让学生体会物体的轻与重，培养学生估算的意识。

3.渗透数据整理和分类统计的思想。

**活动准备：**

体重计、日常用品、表格。

**活动过程：**

## 一、复习引入

**教师提问：**

（1）哪一位同学能告诉大家，我们学习过哪些重量单位？

（2）称比较轻的物品用什么作单位？

（3）称比较重的物品用什么作单位？

（4）1千克=(　　)克　4000克=(　　)千克

（5）一大袋面粉重15(　　)　一只鸡蛋重45(　　)

（6）一个同学重25(　　)

小结：通过刚才的练习，我们知道一个同学大约重25千克。那我们班每一位同学到底有多重？今天这节课，老师就给每一位同学称一称体重。

## 二、称学生的体重

1.教师出示体重计，并告诉学生：这架体重计是以"千克"为单位，当体重计上指针指着"0"时，表示一点重量也没有；当指针指着"1"时，就表示"1千克"；当指针指着"2"时，就表示"2千克"，照此类推。

2.教师让每一位同学站在体重计上，称出每一位学生的体重，并让两学生在黑板记录下每一位同学的体重。

3.让每一位同学统计出不同重量的分别有几个，统计时可让学生用不同的方法来统计。

4.让每一位同学背一背、抱一抱不同重量的同学，感受一下24千克、25千克分别有多重。

5.全班交流。

把每组统计的情况合在一起，就是全班同学体重的情况，再让同学提出一些加、减法的数学问题，进行加减法口算练习。

## 三、掂物体的重量

1.教师出示两本厚薄相差较大的书本，不用称，谁能判断出哪本书重？你为什么这样想?

2.出示两个重量接近的书包，谁能判断出哪个书包重?

## 四、小结

学生说出上本节课的感受。

# 第十一节　买电器

**活动内容：**

整百、整十数的加减的口算。

**活动目标：**

1.探索并掌握整百、整十数的加减的口算方法，并能正确计算。

2.结合具体情境，培养学生提出问题和解决问题的意识和能力，体会数学与生活的密切联系。

3.初步培养学生探索、交流、合作的能力。

4.初步培养学生认真审题、准确计算的良好习惯。

5.培养学生学习数学的兴趣，增强学好数学的信心。

**活动准备：**

教具：课件、计数器、电器图片、数学卡片。

学具：速算题纸、自我评价表、四张数学卡片。

**活动过程：**

课前交流：放假了，你们玩得高兴吗？都去哪里了？好朋友淘气假期有一个特别的打算，请你们来到课堂做小参谋。你们愿意和淘气一起上课吗？拿出你们最棒的表现、喊出最洪亮的声音。看谁是淘气的好朋友。

## 一、创设情境，激发兴趣

淘气搬新家了，请同学们一起去买家用电器。（出示课题，播放课件）

## 二、自主探究，交流算法

1.看一看：商场里有哪些家用电器呢？（课件出示4种电器）

2.猜一猜：要想买电器，先要知道它们的——价格，根据老师的提示，猜一猜。

彩电——8张100元人民币。

冰箱——千位是1，百位是2，十位、个位是0。

洗衣机——整百数，比彩电要低一些。

电风扇——几百几十地数，比200少一些。

3.提问：看着这些家用电器，你能提出什么数学问题？（指名提问，老师板书）

（1）1台洗衣机和1台电视共花多少钱？

（2）1台洗衣机比1台电视便宜多少钱？

（3）1台冰箱比1台电视贵多少钱？

"你听得最认真，淘气一定喜欢和你做朋友。"你的问题不错，声音也非常好听。"你能像这样提问题吗？可以吗？"

4.探索方法：让我们一起来解决一个问题：1台洗衣机和1台电视共花多少钱？

（1）怎样列式呢？指名回答。（教师板书：500+800）

（2）小组讨论：计算"500+800"你有什么好办法？先独立思考，后小组交流。

（3）各小组展示算法。你们小组有什么好办法？

5.试一试：刚才同学们想出了这么多的方法，请用你认为最简便的方法算一算其余两道问题，独立解决，集体订正。

"1200-800"说算理。


### 三、实践应用，体验成功

**（一）回家的路线图**

1.选好了电器，淘气要回家了，从商场到淘气家共有三条路，走哪条路最快呢？让我们帮助淘气选一选吧。

"320+530=　　"说算理。

2.选好了路，淘气要出发了，分别在40米、300米（说算理）、680米处遇到红灯，离淘气家还有多远？

**（二）帮助"＞、＜、="找家**

1.我们还有三位小伙伴今天也搬新家，它们是"＞、＜、="，可是它们找不

到自己的家，快来帮助它们找到自己的位置。

2.学生独立填写。

3.全班交流。你有什么好的判断方法？

（三）**速算小博士比赛**

1.我们二年一班的同学算得真快呀，可谁是最快的呢？（出示课件）就让我们在速算比赛中一决高下。（快拿出2号题纸，计时1分钟）

2.学生进行1分钟速算比赛，同桌互判。

时间到，看谁做得又快又好？接下来我们要选一些认真、公正的小裁判，选谁呢？

3.学生互相评价。

请小裁判们看评分标准。共10道，对8—10道得5个笑脸，对5—7道得3个笑脸，对5道以下，但能自己改对，奖励1个笑脸。请认真检查，为自己的同桌判一判吧。

| 对8—10道 | 对5—7道 | 对5道以下，但能改对 |
| --- | --- | --- |
|  |  |  |

你的同桌得到几个笑脸，你想怎样鼓励他？悄悄地鼓励一下。

（四）**投飞镖游戏**

1.刚才的比赛太紧张了，我们一起来做个游戏。投过飞镖吗？准吗？今天李老师和你们一起投，请电脑做你的手。怎样才能投中呢？学生说题意。

2.第一组：老师射，指名2人，发现规律（要想百发百中，这些数一定藏着什么秘密）。重复书中的问题。指名2人，试一试。

第二组：换1组，想想怎样射得准？小组商量一下。你是怎样想的？指名2人。

第三组：想一想，看谁是神投手？指名2人。

第四组：指名3人。

（五）**你说我算**

1.师生互动：还想继续吗？我这里有很多数学问题，谁来抽一张？

2.同桌互动：你想抽一张吗？每一桌的信封里都有几张卡片，你抽一张，同桌也抽一张，比一比谁说得多。

3.自主互动：请听课的老师抽一张，你再和同桌比一比。

## 八、自我评价

这节课学完了，收获不小吧！请自我评价一下吧。下课后，把你的收获画在苹果树上，有一个收获，画一个苹果。

# 第十二节　火柴棍游戏

**活动内容：**

火柴棍游戏。

**活动目标：**

在游戏中用数学概念进行数学计算，增强思维的灵敏性。

**活动过程：**

## 活动一

请你用火柴棍摆图形，并用橡皮泥黏起来。

（1）用3根火柴棍摆出一个等边三角形。

（2）用4根火柴棍摆出一个正方形。

（3）用4根火柴棍摆出一个菱形。

解：（1）等边三角形的三条边的长度彼此都相等，而火柴棍也都一样长，所以可以用3根火柴棍摆成一个等边三角形。

（2）正方形的四条边都相等，所以4根同样长的火柴棍可以摆出一个正方形。但要注意，必须使四个角都摆成直角。

（3）菱形的四条边也是相等的，所以用4根一样长的火柴棍也能摆出来。但注意，这时不必使每个角都摆成直角，只要使两组对角分别相等即可。

## 活动二

请用7根火柴棍摆出2个小正方形出来。

解：由活动一可知，摆一个正方形需4根火柴棍，所以摆两个独立的正方形需要8根火柴棍。现在要求用7根火柴棍摆出两个正方形，显然必须有一根火柴棍公用才能办到。

## 活动三

请你用12根火柴棍摆出4个同样大小的小正方形。

解：摆一个小正方形需要4根火柴棍，所以摆4个独立的小正方形需4×4=16根火柴棍。现在要求用12根火柴棍摆出4个小正方形出来，16−12=4（根），所以需要4根火柴棍公用。

## 活动四

用24根火柴棍摆成的回字形图形，如果只允许移动图中的4根火柴棍，使原图形组成三个正方形（大小可以不一样），你能办得到吗?

解：可以这样想：

（1）用24根火柴棍摆成三个正方形，每个正方形用24÷3=8根，每边2根。这是三个独立的、同样大小的正方形。

经尝试，按题目要求，在原图的基础上移动4根组成三个独立的正方形无论如何都办不到。

（2）若是正方形的每边用3根火柴棍，一个正方形用12根，两个正方形共用24根。但是题目要求用24根摆成三个正方形（大小可以不同），这就要使这两个正方形有"重叠"（使一些火柴棍被公用），从而多产生出一个正方形。

# 第五章  三年级数学活动课教学设计

## 第一节  行程中的学问

**活动内容：**

行程中的学问。

**活动目标：**

1.能利用"速度、时间、路程"的关系，解决日常生活中遇到的问题，感受数学与现实生活的密切联系。

2.培养学生的创新意识、探索精神和解决问题的能力。

**活动准备：**

1.活动前让学生和家长一起参与实践，求出公交车的速度，并填好下表。

| 路程 | 时间 | 速度 |
|------|------|------|
|      |      |      |

2.在学生亲自实践的过程中，教师提醒学生做到：

（1）认真做好记录。

（2）注意安全，靠右行走，走人行横线。

（3）乘车时，要讲文明，懂礼貌，助人为乐。

**活动过程：**

## 一、谈话导入

同学们每天上学，有的乘车，有的步行。在行程当中，你是否发现有关"速度、时间、路程"方面的知识？今天，我们就来探讨一下在行程中，究竟会遇到哪些关于"速度、时间、路程"方面的知识，怎样运用这些知识来解决实际生活中的问题。

## 二、展开讨论

教师出示表格。

| 路程 | 时间 | 速度 |
|------|------|------|
|      |      |      |

师：你是怎样确定公交车行驶的路程的？

生1：用米尺量。

生2：用绳子量，再用米尺量绳子的长度。

生3：用卷尺量。

生4：知道步行的速度，再测算出步行一站路的时间，就能根据"速度×时间=路程"的关系式得出一站路的路程。

生5：知道自行车的速度，再测算出骑自行车行一站路的时间，根据关系式同样能得到一站路的路程。

师：上面5种方法，哪种方法最好？

学生讨论后，教师小结：第④种方法最好。因为方法①和方法②太麻烦，方法③中卷尺不容易找，方法⑤中骑自行车速度不容易把握，行一站路所需的时间难确定，所以求的路程就不准确。

师：你是怎样确定公交车行驶这一段路程所需的时间的？

生：分别记下公交车行驶这一段路程前后的时间，就能计算出所需时间。

师：怎样求得公交车速度？

生：根据"路程÷时间=速度"这一数量关系式，用所得的两个数据相除，就得到公交车的速度，大约为每分钟350米。

## 三、实际应用

师：同学们在实践过程中，利用有限的条件，采取不同的方法，探索出公交车行驶的路程和时间，求出它的速度，点子新，方法活，老师非常高兴。在日常生活中你是否遇到过有关"速度、时间、路程"方面的问题？你是怎样解决的？

生1：我家离学校有720米，如果每分钟行60米，需行12分钟。学校8:30上课，因此，我最迟8:18要从家里出发。

生2：小明同学过生日，请我中午12点准时参加，但那天我把它忘了，直到11:50才想起。从我家到他家相距约1200米，如果我步行速度是每分钟60米，必须走20分钟。我一想，步行是来不及了，连忙借一辆自行车赶去，才没误点。

……

师：许多同学都能用学过的知识解决生活中遇到的问题，这很好，今后大家还要继续这样做。现在老师再出一道题考考你们："小天同学家与学校相距7000多米，请问，从他家到学校有几种走法？哪种方法最合适？"

分小组讨论，学生回答。有三种方法：①乘出租车；③骑自行车；③坐公交车。在这三种方法中，乘出租车价钱太高，骑自行车太慢，所以坐公交车最合适。

## 四、全课总结

通过这次活动，同学们可以发现数学与现实生活是密切联系的。在我们周围熟悉的事物中处处蕴藏着数学知识。同学们只要仔细观察，用心思考，就能用学过的知识去解决许多问题。（说明：学生的步行速度和骑自行车速度在学习新知时已掌握，故在这里能直接引用。）

# 第二节　一顿早餐的故事

**活动内容：**

体积、容积、浓度的初步认识。

**活动目标：**

1.初步建立体积、容积、浓度等观念，并在动手操作中建立初步表象。

2.培养学生观察、比较、归纳等思维能力及语言表达能力。

3.培养学生细心观察日常生活发现规律的意识。

**活动准备：**

杯子、牛奶、水、勺子、方糖、面包等。

**活动过程：**

## 一、情景导入

（多媒体画面）小亮是一个可爱的小学生，他生活在一个快乐的家庭里，身边总发生着有趣的事情。这是一个普通的星期日早晨，小亮准备吃早餐。

## 二、活动步骤

活动一：哪一杯牛奶更香浓？

1.问题导入。

（多媒体）小亮的面前放着半杯牛奶，半杯水。"平时我每天喝一杯牛奶，今天只有半杯牛奶怎么够我喝呢？"小亮心想。突然他眼睛一亮："如果把半杯牛奶和半杯水倒在一只杯子里搅一搅，就成了一杯牛奶，我就可以喝和以前一样多的牛奶了。"同学们，你们赞同他的想法吗？

2.讨论：

（1）你们赞同他的想法吗？（不赞同）

为什么？你们是怎样想的呢？

讨论后小结：他虽然喝了一杯"牛奶"，但这杯里的纯牛奶只有半杯，没有增加，还有半杯是水。因此，他喝的牛奶没有以前多。

教师拿出一杯牛奶、3个半杯牛奶、一些水。

在第一个半杯牛奶里加入一些水，请一位学生上台分别尝一尝一杯牛奶和加入一些水的牛奶，说一说味道的区别。

然后在第二个半杯牛奶里加入多一些水，再请一位学生上台分别尝一尝第一个半杯牛奶和第二个半杯牛奶，说一说味道的区别。

最后在第三个半杯牛奶里加入半杯水，再请一位学生上台分别尝一尝第二个半杯牛奶和第三个半杯牛奶，说一说味道的区别。

请学生找一找规律。（在牛奶里放入的水越少，味道越香浓；相反，在牛奶里放入的水越多，味道越淡）

（2）那么小亮加入水的一杯牛奶和以前喝的一杯牛奶相比，哪杯牛奶更香浓？（以前喝的牛奶更香浓。）

（3）为什么？（因为小亮把半杯牛奶加水冲淡了，变成一杯牛奶，味道肯定没有以前香浓。）

3.结论：水越少味越浓。

活动二：哪一杯牛奶更甜？

1.问题导入。

（多媒体）小亮刚要动手，妈妈又拿来一杯牛奶。她想考考小亮，便说："小亮，妈妈现在分别在一杯牛奶里和半杯牛奶里各放两块方糖，哪一杯牛奶更甜？"小亮应该怎么回答？

2.讨论：哪一杯牛奶更甜呢？

3.操作。

我们一起来做个实验。同学的桌面上有些什么？（一盒方糖、一把勺子、两只杯子和一些水代替牛奶）你们想如何做这个实验？

在一只杯子里放一杯水，在另一只杯子里放半杯水，分别放入两块方糖，用勺子搅匀，再尝一尝。

操作时教师提醒学生要注意观察每一个现象。

4.交流结果。

为什么只有半杯水的杯子里的水更甜？（因为在放入的糖一样多的情况

下，水越少味道越甜，水越多味道越淡。）

看看小亮怎么回答。（多媒体）表扬大家和小亮一样聪明。

5.结论：水越少越甜。

活动三：水面怎样才能一样高？

1.问题导入。

（多媒体）爸爸在一旁忍不住也要考考小亮，说："我们把装有一杯牛奶的杯子叫A杯，把装有半杯牛奶的杯子叫B杯，你能不能利用手边的这些东西，使A杯的水面和B杯的水面一样高？"小亮想了一会儿，说："有了！"

2.思考。

小亮真聪明，一会儿就想出了答案。我们看了这个片段，也来动动脑筋，怎么解决这个问题。

学生分组，边讨论方案边尝试操作。如果学生有困难，适当引导帮助。

3.交流方案。

在B杯中放水，直至水面和A杯一样平。

在B杯中放方糖，直至水面和A杯一样平。

4.讨论。

为什么在B杯中放水或糖块，水面会上升？（因为水或方糖都要占据一些空间，这样水面就上升了。）

除了方糖、水之外，我们还能用什么方法，也可以达到目的？

5.结论：放入东西，水面会升高。

活动四：哪一杯方糖多？

1.问题导入。

（多媒体）小亮一连答对几道题，特别高兴，缠着爸爸、妈妈再给他出几道题。妈妈想了想说："这里有两杯牛奶，A杯比B杯多。两只杯子里都加入一些方糖，变成这样。哪一杯放入的方糖多？"

2.讨论。

观察：放入方糖后，哪一只杯子的水面高？

根据这种现象你能判断出哪一杯放入的方糖多吗？

你是怎么想的？（放的方糖越多，方糖占据的空间越多，水面就升得越高。）

拿走遮住杯子的纸片，同时看看小亮怎么回答。（多媒体）表扬大家和小

亮一样聪明。

3.结论：放入的东西越多，水面升得越高。

活动五：牛奶到哪里去了？

1.问题导入。

（多媒体）爸爸笑呵呵地说："你说得很对，物体都要占据空间。那你看看这是怎么回事？"说着爸爸拿起一块面包放入杯子沾了些牛奶。"小亮，你看杯子里的奶明显减少了，说明牛奶都在面包里，但为什么面包不变大呢？难道牛奶不需要占据空间吗？"小亮想不到爸爸竟然出了这么难的题目，怎么想也想不通道理，只好服输。同学们，你们愿意服输吗？（不）

我们一定要攻克这道难题。

2.实践操作。

请同学分组实践，利用课桌上的面包、水等进行实验。（如果个别学生有困难，指导学生把面包掰开，观察其内部结构。）

3.讨论：交流实验的过程。

为什么牛奶在面包里，面包不变大呢？你们找到答案了吗？（因为面包里面有许许多多的小孔，小孔占据一些空间，牛奶进入面包后，都进入小孔里，占据空隙地方，所以面包不变大。）表扬同学们非常聪明。

4.结论：原来牛奶要占据空间的。面包里面隐藏着许多小孔，牛奶占据了小孔的空间，所以大家看不见面包变大。

## 三、全课总结

同学们，今天我们和小亮一家一起度过了美好的一天。我们知道生活中有许多有趣的现象经常发生在我们身边，只要大家多留意、多观察、多思考，就能理解其中的奥秘。

# 第三节 预算联欢会费用

**活动内容:**

人民币的知识和简单计算。

**活动目标:**

1.联系学生所学过的有关人民币的知识,解决日常生活中的实际问题,培养学生生活劳动的基本能力。

2.让学生在解决身边具体问题的过程中,体验数学的价值,学习解决问题的策略,激发学生对数学的兴趣。

3.培养学生的分析、比较、综合等思维能力。

**活动准备:**

12名学生为一组,把全班48个学生进行分组,分成四组。组员在组长的带领下,充分讨论班级开联欢会需要准备的物品。利用一周的时间,调查了解这些物品的价格,做好记录,做出预算。

**活动步骤:**

## 一、导入

为了庆祝"六一"儿童节,我们班打算开一场联欢会,对联欢会的准备工作同学们已经进行了充分的讨论。下面就请各小组组长把你们组讨论的不同方案介绍给大家。

## 二、汇报方案

### (一)小组分享

第一组:开联欢会需要布置教室。班级教室有4扇窗、4盏灯和1个门要装扮,我们按1扇窗户和1盏灯大约用1卷彩纸估算了一下,共需要5卷彩纸。根据大家的要求，还打算买12斤瓜子，再给每人买2个苹果。苹果要买多少呢？我们已经称过了，每斤苹果大约有4个，这样，全班48人，就要买24斤。经过调查，我们需要的物品价格是：彩纸每卷1元2角，瓜子每斤5元，苹果每斤5元。

预算：彩纸 1元2角×5卷＝6（元）

瓜子 5元×12斤＝60（元）

苹果 5元×24斤＝120（元）

共需6＋60＋120＝186（元），每人大约交4元钱。

第二组：我们组认为布置教室不需要买彩纸。大家打算利用家里的废旧挂历，用课余时间自己动手制作拉花布置教室，这样做不但省钱，更能锻炼同学们的动手能力。我们打算买6斤瓜子，每斤瓜子5元；20斤香蕉（每斤大约有5个，每人2个），每斤香蕉2元钱。每人买一盒饮料，同样的饮料有不同价格，单盒买，每盒2元；买20盒1箱的，每盒1元8角；买30盒1箱的，每盒1元7角。大家讨论发现，买饮料有4种不同的方法：

方法1：买单盒的。

2元×48盒＝96（元）

方法2：买2箱20盒的，再单买8盒。

1元8角×20盒×2＋2元×8盒＝88（元）

方法3：买1箱30盒的，再单买18盒。

1元7角×30盒＋2元×18盒＝87（元）

方法4：买1箱20盒的，再买1箱30盒的。

1元8角×20盒＋1元7角×30盒＝87（元）

第3种和4种买法需用的钱较少，而用同样多的钱，第4种方法可多买2盒。通过比较，我们选择了第4种买法。

预算：瓜子 5元×6斤＝30（元）

香蕉2元×20斤＝40（元）

饮料 1元8角×20盒＋1元7角×30盒＝ 87（元）

共需30＋40＋87＝157（元），每人大约交3元钱。

第三组：我们组打算买10卷彩纸和1袋汽球布置教室。买96袋小食品，每人两袋。买15斤糖，我们到商店请营业员阿姨称了，1斤糖大约有30块，我们每人就可以分到9块。我们调查的价格是，彩纸每卷1元2角，汽球每袋14元，小食品每袋1元，糖每斤10元。

预算：彩纸 1元2角×10卷＝12（元）

汽球 14元×1袋＝14（元）

小食品 1元×96袋＝96（元）

糖 15元×10斤＝150（元）

共需12＋14＋96＋150＝272（元），每人大约交6元钱。

第四组：布置教室用的拉花，我们组何云打听到她妈妈单位有，我们商量先借用一下，这样就可以省下些钱多买些其他东西。我们组打算买100斤西瓜（每斤5角）和96袋小食品。调查中了解到小食品的种类很多，但大家都认为1元钱1袋的小食品味道好，是正规产品。

预算：西瓜 5角×100斤＝50（元）

小食品 1元×96袋＝96（元）

共需50＋96＝146（元），每人大约交3元钱。

### （二）交流

师：你们在调查了解商品价格的过程中有什么新发现？

生1：买商品可以讨价还价。

生2：买商品的数量越多，价格可以越优惠。

生3：买商品要货比三家，价比三家。

### （三）小结

通过你们四组汇报的不同方案，可以看出同学们在活动中充分发挥了自己的聪明才智，发扬了小组合作的精神，能够利用学过的数学知识通过分析、比较来解决生活中的实际问题。

## 三、选择最佳方案

全班同学讨论，充分发表意见。

1.比较分析评价

第一组方案较为经济，但是苹果要削皮，太麻烦；第三组方案没有精打细算，花钱较多；第四组方案中借拉花布置教室的想法很好，但购买物品品种少，而且在教室里吃西瓜既不方便也不卫生。

2.确定最佳方案

第二组方案最好，理由是：①自己制作拉花布置教室，能锻炼同学们的动手能力。②从饮料的四种买法中选择最合理的一种，说明大家善于动脑，解决问题讲究策略，能灵活运用所学的数学知识。③品种丰富多样，用钱有计划。

## 四、按选定方案实践操作

第一组制作拉花布置教室。第二、三、四组学生在老师的陪同下购买物品：第二组买瓜子，第三组买香蕉，第四组买饮料。

# 第四节　乌鸦哥哥变形记

**活动内容：**

乌鸦哥哥变形记

**活动目的：**

1.通过动手操作、观察分析，在简单推理的过程中，培养学生观察、分析、推理和有条理地进行数学表达的能力，学会有序、全面地思考问题。

2.通过抛硬币、掷骰子、道路搭配、衣服搭配的游戏，感受推理的作用，培养学生解决问题、有序思考的能力。

3.培养学生学会初步的推理分析问题，掌握解决问题的策略。

**活动准备：**

活动学习单

**活动过程：**

## 一、创设情境

从前，一户有七个儿子的人家终于生了一个女儿，父亲视女儿为掌上明珠。可是女儿身体弱，父亲很是担心。有一天，七个哥哥争着要给口渴的妹妹打水喝，结果不小心把打水的大水罐掉到了井里。父亲太生气了，大喊道："你们这些臭小子，全给我变成乌鸦吧！"他的语音刚落，上空便传来一阵呱呱的叫声。父亲抬头一看，发现七只煤炭一样黑的乌鸦正在上空盘旋着。父亲后来怎么也收不回这句咒语了！女孩慢慢长大，而且越来越漂亮。有一天，女孩听到邻居们在议论："听说她的哥哥们因为她变成乌鸦了，真是可怜啊！"女孩十分惊讶，赶紧回家问关于哥哥们的事情。父亲才跟女孩讲清楚事情的来龙去脉。女孩暗下决心，一定要想方设法找到哥哥们。为了和哥哥们相认，女孩把父母的戒指和哥哥们以前玩过的玩具放在背包里，带着一块长条面包和一壶水就启程出发了……

## 二、活动操作

**活动一：抛硬币**

1.绘本故事。女孩找了好些天，终于找到了太阳公公。"太阳公公，你知道我的乌鸦哥哥们在哪儿吗？"太阳公公看了看小女孩的背包，笑着说："你抛硬币吧，如果是头像的那一面，我就告诉你。"

2.活动操作。抛硬币出现几种情况？分别是什么？有几种可能性？

3.分享汇报。抛硬币会出现2种情况，可能是头像面，可能是数字面，所以抛硬币这一事件的可能情况个数是2。

师：女孩抛出了数字面，所以太阳公公不能告诉她哥哥们在哪里。

**活动二：掏珠子**

1.绘本故事。女孩又继续赶路，这一次她找到月亮姐姐，问："月亮姐姐，你知道我的乌鸦哥哥们在哪儿吗?"月亮姐姐看了看女孩的背包，说："闭上眼睛，从背包的三颗珠子中掏出一颗珠子，如果掏出的是红色珠子，我就告诉你。"

2.活动操作。掏珠子出现几种情况？分别是什么？有几种可能性？

3.分享汇报。女孩的背包里有红、黄、蓝三颗不同颜色的珠子，女孩从背包里拿出一颗的话，可能是红色的珠子，可能是黄色的珠子，也可能是蓝色的珠子，所以这个时候的可能情况是3。

师：女孩掏出的是蓝色珠子，所以月亮姐姐不能告诉她哥哥们在哪里。

**活动三：掷骰子**

1.绘本故事。女孩抱着最后的希望找到了小星星，问："你能告诉我，我的哥哥们到底在哪里吗？"星星调皮地说："你要是掷骰子，掷出来的是6个点，我就告诉你。"

2.活动操作。掷骰子的可能情况个数是多少？

3.分享汇报。骰子有六个面，分别刻着1~6六个不同的点数，掷骰子的时候可能出现1，可能出现2，可能出现3，可能出现4，可能出现5，可能出现6，所以这时的可能情况个数是6。

师：女孩掷出了6，所以小星星要告诉女孩哥哥们在哪里。

**活动四：道路搭配**

1.绘本故事。女孩按照小星指引的方向重新起航了。不知道走了多久，女孩的脚趾头都起泡了，鞋子也被磨破了，但女孩还是坚持着往前走。走呀走呀，她终于看到了在阳光下闪闪发光的琉璃山。女孩问小田鼠："请您告诉我去琉璃山的路吧。"

2.活动操作。去琉璃山有多少种情况？

3.分享汇报。第一种是走石子路和沼泽路，第二种是走石子路和杂草路，第三种是走荆棘路和沼泽路，第四种是走荆棘路和杂草路，一共4种情况。

**活动五：衣服搭配**

1.绘本故事。女孩艰难地走完沼泽路，终于到了琉璃山。她爬上琉璃山，来到城堡的门口。守门的小矮人把女孩领进一个房间，房间里挂着好几件衣服，好像在等着女孩的到来。小矮人说："你身上的衣服已经磨破啦，换上衣服等哥哥们回来吧。"

2.活动操作。衣服搭配的可能情况有多少种？

3.分享汇报。上装有粉红色和蓝色的衬衣两种选择，下装有裙子、短裤和背带裤三种选择。我们可以这样搭配，粉红色衬衣和裙子，蓝色衬衣和裙子，粉红色衬衣和短裤，蓝色衬衣和短裤，粉红色衬衫和背带裤，蓝色衬衫和背带裤，衣服搭配的可能情况是6种。

师：女孩终于等到哥哥们回来了。女孩对哥哥们浓浓的亲情，解除了父亲无心的咒语，乌鸦们一个一个变回了人形。女孩和七个哥哥回到家里，和父母一起过上幸福的生活。

# 三、全课总结

通过这次绘本活动，同学们可以发现是数学非常有用的。同学们只要仔细观察，用心思考，就能用学过的知识去解决许多问题。

# 第五节　生日快乐

**活动内容：**

年、月、日。

**活动目标：**

1.在实践活动中，运用有关年、月、日的知识，感受数学与生活的联系，培养学习数学的兴趣和解决实际问题的能力，在活动中增强参与和合作意识。

2.渗透孝敬父母、热爱家庭的思想教育。

**教学具准备：**

多媒体课件一个、生日蛋糕一个、每小组一张统计表，每位学生作业纸、年历卡各一张。

**教学过程：**

## 一、创设情境，营造氛围

师：（出示生日蛋糕）同学们，这是什么？

生：（齐）生日蛋糕。

师：知道老师带这个蛋糕来干什么吗？今天我们来过一个集体生日。首先，老师衷心地祝大家生日快乐！（多媒体显示"生日快乐！"）

师：会唱《生日快乐》歌吗？

生：（高兴地）会！

师：让我们一起来唱一唱。（多媒体显示过生日情景图，师生在优美的音乐伴奏下齐唱《生日快乐》歌。）

师：照理唱完《生日快乐》歌就该吃蛋糕了，可今天这蛋糕暂时还不能切。老师遇到了一些与生日有关的问题，你们愿意帮我一起来解决吗？

生：（齐声）愿意。

师：等我们顺利解决了这些问题，我们再一起高高兴兴地吃蛋糕，好吗？

这些问题被设置成一、二、三、四四个关，让我们抓紧时间，先来闯第一关。

## 二、闯关解决实际问题

### （一）第一关：猜一猜

师：有几位小朋友听说我们在过集体生日，也赶来凑热闹，让我们来猜一猜他们的生日分别是几月几日。

多媒体逐一显示四幅图，配音如下：

同学们好，我是小红。我的生日在教师节前两天。

同学们好，我是小明。我的生日是8月的最后一天。

同学们好，我是小芳。我的生日是一年的倒数第三天。

同学们好，我是小亮。我的生日是第三季度的第一天。

师：你知道他们的生日各是几月几日吗？先独立想一想，再和小组里的同学交流一下。

小组交流后，教师引导学生进行交流，反馈如下：

生1：我知道小红的生日是在9月8日。

师：能说说你是怎么想的吗？

生1：教师节是每年的9月10日，小红的生日在教师节前两天，我想应该是9月8日。

师：有道理。

生2：我知道小明的生日是8月31日。

师：是吗？说说你的想法。

生2：8月份是个大月，大月有31天，小明的生日是8月的最后一天，应该是8月31日。

师：很好！（教师板书：大月31天）

除了8月，还有哪些月份是大月？

生3：还有1月、3月、5月、7月、10月、12月也是大月，它们都有31天。

（教师随学生的回答板书：1月、3月、5月、7月、8月、10月、12月）

师：有大月，就应该有小月，那么你知道哪些月份是小月吗？

生4：4月、6月、9月、11月是小月，它们都有30天。

（教师随机板书：小月30天：4月、6月、9月、11月）

师：一年有12个月，可数了一下，同学们只说了11个月，还有一个月呢？

众生：（争先恐后地）我知道！我知道！

生5：还有一个月是2月，它既不是大月，也不是小月。闰年的2月有29天，平年的2月有28天。

（教师板书：闰年2月28天；平年2月29天）

师：噢，我懂了，要看某一年是平年还是闰年，只要看看2月份的天数就行了。可是，我不可能随身带着年历卡呀！要是在不知道2月份的天数的情况下，怎样来判断某一年是闰年还是平年呢？

生6：只要把那一年的年份除以4，如果没有余数，那一年就是闰年；如果有余数，那一年就是平年。

生5：老师，我补充一点，公历年份是整百数的，必须除以400才行。

师：你能举个例子吗？

生5：例如，1900年是个整百年份，要判断它是闰年还是平年，就应该除以400。

师：同学们要重视并记住这一点。好。继续猜。

生7：我知道小芳的生日是12月29日。

生8：（抢着说）不对，如果那一年是平年的话，小芳的生日就该是12月28日了。

师：为什么？

生8：平年的12月份有30天，闰年的12月份才有31天嘛。

师：你考虑问题很周到嘛！大家同意吗？

（一部分学生点头，一部分学生茫然）

师：平年和闰年相差几天？

生：（齐）一天。

师：这一天相差在几月份？

生8：相差在2月份，平年2月份有28天，闰年2月份有29天。

师：其他月份的天数有变化吗？

生8：没有。

生7：（抢着说）老师，我说得对，他说得不对。不管是平年还是闰年，12月份总是31天，不可能是30天的。所以小芳的生日应该是12月29日。

师：你认为呢？

生8：我想错了。

师：没关系，现在明白了也不晚。大家继续猜。

（本环节的"节外生枝"是一种生成性的教学资源，可贵的是，老师抓住契机，不仅帮助学生进一步深化了对平年、闰年知识的认识，而且给了学生自我反思、自我改正的机会，维护了学生的学习自尊，处理得相当好。）

生9：我肯定小亮的生日是在7月1日。

师：很好！对自己充满自信。能告诉大家你为什么那么肯定吗？

生9：我想：一年有四个季度，第一季度是1月、2月、3月，第二季度是4月、5月、6月，第三季度是7月、8月、9月，第四季度是10月、11月、12月。小亮的生日是第三季度的第一天，那当然是7月1日了。

（教师随机板书：一年有四个季度）

师：你考虑问题非常有条理，思维严密。

师：同学们，你能模仿刚才的几位同学，把自己的生日编成一道猜一猜的题目，也让其他同学来猜猜你的生日吗？

（组织学生按组号依次轮流猜各人的生日）

师：老师碰到了一个难题——（多媒体显示）小华今年12岁，她只过了3个生日。你知道她的生日是哪一天吗？为什么她只过了3个生日呢？

生10：我想小华的生日也许是2月29日。

师："也许"一词说明你还没把握，那你是怎么想到2月29日的呢？

生10：……

师：凭直觉？说不出来？没关系。大家想想，我们一般每年都要过一次生日，而小华12岁了只过了3个生日，说明她几年才过一次生日？

生5：小华四年过一次生日。

师：对啊，四年过一次。那什么样的日子四年里才有一天呢？

生10：老师，小华的生日肯定是2月29日，只有闰年才有2月29日，而闰年要每四年才有一个。

师："也许"变"肯定"，说明你明白了。大家还能继续猜一猜小华是哪一年出生的吗？

生11：小华是1992年出生的，今年是2004年，正好12岁。

师：在大家的共同努力下，我们顺利通过第一关。现在我们来闯第二关。

**（二）第二关：问一问**

师：同学们，通过刚才的交流，我们知道我们班有些同学的生日在1月份，有些同学的生日在3月份……那么，到底几位同学的生日在1月份，几位同学的生日在3月份呢？我们不知道。下面我们就通过相互问一问来统计一下我们班同学的生日分布情况。为了节约时间，我们先分组统计，再来统计全班的情况，好吗？请组长组织组员按组号依次报生日，填好统计表。

| 出生月份 | 1月 | 2月 | 3月 | 4月 | 5月 | 6月 | 7月 | 8月 | 9月 | 10月 | 11月 | 12月 |
|---|---|---|---|---|---|---|---|---|---|---|---|---|
| 人数 | | | | | | | | | | | | |

1.各组统计。

2.交流汇总。

教师根据各组的汇报完成汇总后的统计表。

师：你能根据统计表中的汇总数据，完成作业纸上的条形统计图吗？

3.学生独立完成条形统计图。

4.反馈评议。

师：你能根据条形统计图中反映出的我们班同学的生日，提出哪些问题呢？在小组里交流一下。

生：我们组提出的问题有"哪个月出生的人数最多？哪个月出生的人数最少？3月份出生的人数比10月份出生的人数多几人？1月、2月、5月这三个月出生的同学共有几人？"

生：我补充一个问题"3月份出生的人数是8月份出生的人数的几倍？"

……

师：好，第二关也顺利通过。赶快来看第三关。

**（三）第三关：算一算**

师：请同学们根据条形统计图中反映的数据，算出每个季度出生的人数各是多少，并填入下表。

| 季度 | 第一季度 | 第二季度 | 第三季度 | 第四季度 |
|---|---|---|---|---|
| 人数 | | | | |

学生独立计算，完成统计表。

反馈校对，请学生说说是怎样算的，再一次明确季度的含义。

师：同学们，老师现在好激动，知道为什么吗？

生：不知道。

师：因为我们又顺利闯过第三关了呀！没看见蛋糕在向我们"招手"了吗？

学生笑。

师：赶快来看最后一关。

### （四）第四关：小小设计师

师：闯第四关之前，老师想做一个小小的调查。你的爸爸妈妈知道你的生日吗？知道的请举手。（学生全部举起了手）

师：哇！满堂红！看来爸爸妈妈是不会忘记自己孩子的生日的。

师：再做一个小小的调查，你知道爸爸妈妈的生日吗？知道的请举手。（举手者只有几人。）

师：老师数了一下，我们全班30个人，知道爸爸妈妈生日的只有4人。而你们的生日爸爸妈妈却永远不会忘记。同学们，看来你们对爸爸妈妈的关注还是很不够的。请知道爸爸妈妈生日的同学在年历卡上圈出来，不知道的同学今天回家做一个作业，了解爸爸妈妈的生日，也在年历卡上圈出来，并牢牢记住。

师：同学们，每年爸爸妈妈都要为你们庆贺生日，可你们却连爸爸妈妈的生日都记不得，你们不觉得惭愧吗？这样吧，今天我们都来做一次设计师，说说准备怎样为爸爸妈妈过生日。下次爸爸妈妈生日来临时你就按这样的设计去做一做，好吗？

生：我要买一束鲜花，为妈妈庆祝生日。

生：我要将零花钱省下来，给妈妈买个手提包，在她生日那天送给她。

师：你怎么想到要买一个手提包的呢？

生：我知道妈妈看中一个漂亮的手提包很长时间了，可她一直舍不得买。我想在她生日那天给她一个惊喜。

师：真好！如果我是你妈妈，我会感到很幸福的。

生：我要认真学习，考出好成绩作为生日礼物送给爸爸妈妈。

……

师：因时间关系，我们不可能让所有同学都在这堂课上谈自己的设计。刚才交流过的同学也谈得比较简单。老师有一个提议，今天同学们回去写一篇小练笔，具体谈谈自己的设想，明天交给老师，好吗？

## 第六节　表格中的数学问题

**活动内容：**

表格中的数学问题。

**活动目标：**

1.学会"观察、发现、验证"这一研究数学问题、发现数学规律的基本方法。

2.激发学生学习数学的兴趣。

**活动准备：**

写有1—100各数的正方形表格（横行1—10，11—20……91—100共10行。可制成幻灯片），教师一张，学生2—3张。

**教学过程：**

### 一、创设情境，导入新课

师：同学们，数学王国是一个奥妙无穷的大家族。今天，老师将和同学们一同到数学王国一游，看看数学王国里的一个成员——表格中的数学问题。

师：要进入数学王国，还得有一张入场券。谁能在很短的时间内完成下面的题，就算取得了入场资格。

1—10各数的和是（　　）；51—60各数的和是（　　）。

### 二、走进表格，探究问题

教师对表格做适当介绍。

1.行中数的和。——指导学法

（1）要求学生分别求前三行的数的和。

（2）观察所得的三个和，你发现了什么规律？

（3）猜想：第四行中各数的和是多少？并通过计算自己进行验证。

（4）根据规律，请你写出后面六行每行数的和。

（5）提问：为什么相邻的两行数的和都相差100？

（6）研讨：回顾求行中数的和的学习过程，你从中学到了什么解决数学问题的方法？

（观察实例—发现规律—验证规律—运用规律。可将其板书出来。）

2.方形顶点上四个数的和。——学会学法

（1）教师以55为中心，出示斜的方形若干个（如下图）。即：

引导学生认识顶点上的数及中心数。

（2）研讨：你打算怎样运用上面总结出来的学习方法来解决这个数学问题。

指名学生谈自己的打算后，让学生尝试解决"求方形四个顶点上的数的和"的问题。反馈评讲时，着重围绕"你发现了什么规律？""方形四个顶点上的数的和与它的中心数之间有什么样的关系？"

（3）猜一猜：以46为中心的方形，四个顶点上的数的和是多少？然后出示一个正的方形，通过计算进行验证。

（4）有没有方形顶点四个数的和是296、255？

## 三、课堂总结

本节课主要围绕研究解决了什么问题，获得了什么样的解决数学问题的方法而展开。

## 四、巩固练习

求方形各边上数的和（仍以"55"为方形的中心数）。

导思：前面我们在分析方形顶点四个数与中心数的关系中，发现了规律，并运用规律解决了求方形顶点的四个数的和的问题。你能运用前面的学习方法，自己解决求方形各边上数的和这个问题吗？请试一试。

# 第七节　游玩中的数学问题

**活动内容：**

解决问题。

**活动目标：**

1.能运用所学的数学知识解决实际问题，培养学生综合运用知识解决问题的能力。

2.培养学生的优化意识。

3.培养学生知识迁移的能力及思维的敏捷性。

**活动用具准备：**

教师多媒体课件，学生以四人小组为单位，每组4张表格。

**活动过程：**

## 一、情境引入

师：同学们，你们喜欢旅游吗？都去过什么地方？你们都是怎么去的呢？

很多同学都喜欢玩，但是玩也有小窍门，这样可以让你玩得更舒心。

小天和小刚两家在这个星期天也想全家去参加肇庆天一旅行社举办的肇庆一日游，两家来到旅游公司售票处，只见窗口上写着：

A种方案，大人每位130元，小孩每位70元。

B种方案：5人以上团体，每位100元。

这两种不同的买票方法，你理解吗？你是怎么理解的？

如果你是小天的爸爸和小刚的爸爸，你在买票的时候要考虑哪些事项？

今天我们就来谈谈游玩中有哪些数学问题。（板书课题：游玩中的数学问题）

## 二、探索规律

**（一）算一算**

小天和小刚两家安排这些人参加肇庆一日游，想一想该怎么买票？

（小天家：6个大人，3个小孩；小刚家：3个大人，6个小孩）

学生独立思考解决。（可以在小本子上自己动手试试）

师：你认为应该选择哪一种买票方案？并说说你的理由。

小天家：

按A种方案总共需要：$130 \times 6 + 70 \times 3 = 990$（元）

按B种方案总共需要：$100 \times 9 = 900$（元）。

选择B种比较合适。

小刚家：

按A种需要：$130 \times 3 + 70 \times 6 = 810$（元）

按B种需要：$100 \times 9 = 900$（元）

选择A种比较合适。

教师板书并问：$130 \times 3 + 70 \times 6$表示什么？

小组学习。

师：如果让你做导游安排这两家去参加肇庆一日游，请你根据参加的人数选择合理的买票的方案，填在表格里。（四人小组合作）

| 家庭 | 计算过程 | | | 选择方案 |
|---|---|---|---|---|
| 小天家 | 方案 | 大人（　）人 | 小孩（　）人 | |
| | A种方案 | | | |
| | B种方案 | | | |
| 小刚家 | 方案 | 大人（　）人 | 小孩（　）人 | |
| | A种方案 | | | |
| | B种方案 | | | |
| 小天和小刚家 | 方案 | 大人（　）人 | 小孩（　）人 | |
| | A种方案 | | | |
| | B种方案 | | | |

**（二）思一思**

把你们设计的方案集中在一起。

第一，交换检查，计算是否有错；两组对调设计方案；

第二，有什么发现？

学生组内交流。

结合学生的回答，问：

（1）什么情况下选用A种买票方案最合理？在你们设计方案时有这种情况吗？请举例说明。

小结1：总人数少于5人时或者总人数不少于5人，且小孩人数比大人人数多时，选用A种买票方案合理。

（2）什么情况下选用B种买票方案最合理？在你们设计方案时有这种情况吗？

小结2：总人数多于5人时或者总人数不少于5人，且大人人数比小孩人数多时，选用B种买票方案合理。

### （三）做一做

在空表格中再设计一份符合A/B种买票方案的旅游人数，并算一算是否符合你们需要的买票方案。

| | | | | | |
|---|---|---|---|---|---|
| | | | | | |
| | | | | | |
| | | | | | |
| | | | | | |

学生汇报。

揭示结论。

师：我们究竟应该怎样买票呢？

当总人数不足5人时，选用A种买票方案。

当总人数不少于5人时：

大人人数比小孩人数多时，选用B种方案；大人人数少于小孩人数时，选用A种方案。

如果小孩人数和大人人数同样多时，请算一算应该怎样买票？

结论：大人和小孩人数同样多时，A、B两种买票方案都可以。

## 三、深化提高

1.买票参加肇庆一日游时，除了要考虑花钱以外，还要考虑哪些因素？

第一，安排的景点；第二，其他的服务令我们满意吗？

2.如果优惠措施改为：

A.大人每位130元，小孩每位50元；B.6人以上团体，每位90元。

（1）妈妈带着文文、弟弟、爷爷、奶奶参加这次旅游，你说该怎么买票？

| 家庭 | 计算过程 | | | 选择方案 |
|------|------|------|------|----------|
| 文文家 | 方案 | 大人（　）人 | 小孩（　）人 | |
| | A种方案 | | | |
| | B种方案 | | | |

计算：A种方案130×3+50×2=490（元），因为B种不能选，总数不满6人。

（2）若是爸爸也参加旅游，该怎么买票呢？要是再增加个妹妹呢？

| 家庭 | 计算过程 | | | 选择方案 |
|------|------|------|------|----------|
| 文文家 | 方案 | 大人（　）人 | 小孩（　）人 | |
| | A种方案 | | | |
| | B种方案 | | | |

## 四、课堂小结

今天我们学习了什么？这堂课对你有什么好处？四人小组讨论，可以用上以下的句子"我们学到了……；我们小组得到了以下的结论……；我们现在认识到……；通过今天这节课我们推断出……；关于……我想找出更多的……"，作为小组今天活动课的结束语句。

先四人小组讨论，由组长记录并汇报。

教师小结：根据给出的优惠措施，买票时一般情况下要考虑总人数及团体的构成，还应该注意具体问题要具体分析。

# 第八节　做镜框

**活动内容：**

巩固长方形和正方形的周长计算方法。

**活动目标：**

1.通过学做镜框，巩固长方形和正方形的周长计算方法，培养学生运用所学知识解决实际问题的能力。

2.激发学生热爱学校、热爱生活的情感，体会数学在生活中的应用价值。

**活动准备：**

20厘米的铁丝一根、直尺、透明胶、正方形硬纸板、小刀等。

**活动过程：**

## 一、情景引入

同学们，一个学期快要结束了，我校的美术兴趣小组学创作了不少作品，你们想看吗？（电脑展示）

这些作品你们喜欢吗？我们办个展览把它们展示出来，让全校的学生都来欣赏它们好吗？

那么谁能告诉老师在展览之前要先把作品怎么样？（板书课题：做镜框）

你们看到过镜框吗？它是什么样的？（长方形、正方形、圆形等）是这样的吗？（电脑展示）

## 二、设计镜框

### （一）第一种镜框

1.动手实践

师：谁知道做一个镜框先要确定什么？（它的尺寸）屏幕上有一幅画。

（电脑展示图1）请你算算给它做一个镜框，需要多长的木条？你是怎样算的？
（板书：4×4=16分米）我们就用16分米长的木条给它装上镜框。（电脑展示）。

4分米

4分米

图1

40厘米

60厘米

图2

师：这儿还有一幅画（电脑展示图2），给它装镜框需要多长的木条呢？
（学生在本子上做一做）。

交流并板书：（60+40）×2=200（厘米）

师：你们同意吗？给它装上镜框（电脑展示），请观察一下，这样给画配镜框美吗？为什么？（因为画和镜框之间要留出一些空）（显示留空后的镜框）

师：是这样的吗？那么你们准备留多少？为了便于计算，我们就留出5厘米。（电脑展示5厘米）。

师：现在镜框的长和宽还是60厘米和40厘米吗？那么做这个镜框需要多长的木条呢？在本子上算一算。

（60+5×2+40+5×2）×2=240（厘米）

（60+5+5+40+5+5）×2=240（厘米）

200+5×8=240（厘米）

2.全班小结。

上面我们计算了镜框的长度，想一想我们是用了什么知识解决的？（长方形、正方形的周长）做镜框的时候还要注意什么？（要注意在画和镜框之间留出一些空）那么你们学会了吗？（我们学会了）

（二）第二种镜框

师：这儿有我校小朋友画的一组画。（电脑展示）

画1

画2

画3

画4

同学们观察一下：每张画都是什么形状？（正方形）对了，而且它们的边长都是30厘米。（电脑展示）

师：把四幅画装在一个镜框里，怎么摆呢？用小正方形硬纸板摆摆看。谁愿意到上面摆给大家看。还有别的摆法吗？（实物投影）

有三种摆法。（电脑展示）

方案一：

———————————

画1　画2　画3　画4

方案二：

画1

画2

画3

画4

方案三：　画1　画2

画3　画4

我们分别给它们装上镜框。（电脑展示装上镜框）如果每个镜框都留出5厘米的空（电脑展示出5厘米），分组计算一下需要多长的木条。第一组算方案一，第二组算方案二，第三组算方案三，第四组任意选一个算。（学生计算）算好的举手。好，我们一起来交流。

方案一：（$30 \times 4 + 5 \times 2 + 30 + 5 \times 2$）$\times 2 = 340$（厘米）

$30 \times 10 + 5 \times 8 = 340$（厘米）

方案二：同上。

方案三：（$30 \times 2 + 5 \times 2$）$\times 4 = 280$（厘米）

$30 \times 8 + 5 \times 8 = 280$（厘米）

**（三）第三种镜框**

1.提供材料

师：刚才我们做了不少镜框，而同学们的字画有各种形状，所以所需的镜框也是各种各样的。那么用一根长20分米的木条做一个镜框，（电脑展示）你能做出几种形状来？用1厘米的铁丝表示1分米的木条，我们分小组讨论，比一比哪个组设计得又多又好。

2.小组活动

请看活动建议：（1）讨论出镜框的长与宽。（2）小组分工，折出镜框的模型。（3）组内评价，推荐出镜框模型。

3.交流评价

师：大家都做好了吗？每组推荐一个代表来交流一下。交流时注意，第一，把做好的模型展示出来，说说它的尺寸和制作的方法；第二，相同的模型就不再交流了。（先在实物投影上展示，再贴到黑板上）

形状1：边长5厘米的正方形。

形状2：长9厘米，宽1厘米的长方形。

形状3：长8厘米，宽2厘米的长方形。

形状4：长7厘米，宽3厘米的长方形。

形状5：长6厘米，宽4厘米的长方形。

4.活动小结

同学们折的镜框都不错，用20厘米的铁丝一共做出了5种镜框模型。

## 三、全课总结

做了一节课的镜框，你最深的感受是什么？

# 第九节　过　河

**活动内容：**

推理。

**活动目标：**

1.通过对"过河"问题的逐个解决的活动，激发学习兴趣。

2.了解解决问题的相关策略，学会具体问题具体分析，培养学生解决问题的能力。

3.通过小组的合作学习，培养学生的合作意识和竞争意识。

**活动准备：**

圆片16个，印有小狗、小兔和白菜的卡片三张，多媒体课件。

**活动过程：**

## 一、故事导入，激发兴趣

师：同学们，今天老师要给你们讲个故事。　一天，吴老师带着15位学生去郊游，他们来到一条小河边，想要到河对岸去，但河边只有一条小船，而且没有船夫，每次船上最多只能坐4人。吴老师笑着对大家说："看谁最聪明，最快算出小船要载多少次，才能把我们全部送到河对面？"

## 二、探究研讨，激发思维

1.组织讨论，发散思维

师：小明、冬冬、贝贝和小雨是班里的数学尖子，又是好朋友。他们一听完吴老师的话就讨论开了，而且很快就找到了答案。现在你们能不能猜猜看小明他们说的可能是几次呢？你是怎样猜出来的？

生1：可能是4次。

生2：我想可能是5次。

……

2.实践操作，讨论交流

师：到底谁的答案最合理呢？还是你们自己来验证一下吧！请每小组拿出16个小圆片代替16个人，4人合作摆一摆他们是怎样过河的。

生1：因为小船每次只能坐4人，我们只要让他们每次过去4人就是4次了。

师：这位小朋友很聪明，能用学过的知识来解决问题。（话音未落，一位学生就把手举得很高，教师示意他发言。）

生2：他没有看清楚题目，吴老师说河边只有一条小船，而且没有船夫。

师：那你认为应该是几次呢？请你上来演示一下。

生3：因为没有船夫，先上船3人，到对岸后上岸1人，要有2人把船划回来，然后再上船3人，到对岸后再上岸1人……共14次。

生4：每次上船2人，到对岸上岸1人，1人回来……共15次。

生5：先上船4人，到对岸后上岸2人，2人回来……共7次。

生6：前4次每次上船4人，上岸3人，第五次2人上船到对岸1人上岸，1人回来，最后1次3人都上岸，共6次。

学生7：每次上船的4人中，到了对岸之后要有1人将小船送回，所以每送1次，实际上只能过去3人。最后1次不用把船送回，可以过去4人。所以，小船至少要载5次。

3.评价确定最佳方案

师：你们想的方法可真多！老师佩服你们。但是这么多的方法，你认为哪一种方法最好？

生：载5次最好，这样不会让别人等太久。

师：对！如果我们生活中遇到这类问题，应该选择一种最快速、最方便、最安全的方法，而且还要根据具体情况进行分析。

（评：听故事是学生十分喜欢的，由故事引入并从故事中提出问题，学生更容易接受，更有兴趣去探究疑惑。这样不但激发了学生的学习兴趣，而且还让学生在民主的教学氛围中，去探求解决问题的策略。）

4.故事继续，难度加大

师：你们和小明他们一样聪明，他们也受到了吴老师的表扬，心里美滋滋的。他们用这个方法过了河以后，可高兴啦！他们一路蹦啊、跳啊……突然，

他们看见一位农民伯伯坐在河边直叹气，便走过去问他为什么事发愁。农民伯伯告诉他们："我要把一只狗、一只兔子和一棵青菜带过河去。这儿仅有一只很小的旧船，最多只能带其中的一样东西上船，否则就有沉船的危险。"

师：你们看到小狗、兔子和白菜这三样东西，会想到什么？

生：狗会咬兔子，兔子会吃白菜。

（评：引导学生自己去发现问题，有时比解决问题更重要。让学生自己去发现矛盾后，更能激起他们的求知欲。）

师：对，农民伯伯就遇到了这个困难。

（多媒体出示动画）农民伯伯说："刚开始，我带了菜上船，回头一看，调皮的狗正在欺侮胆小的兔子。我连忙把菜放在岸上，带着狗上船，但贪嘴的兔子又要吃鲜嫩的青菜，我只好又回来。现在不知道该怎么办好。"

（评：多媒体计算机的动画演示，牢牢地吸引了学生，使学生的视觉、听觉等多种感观同时感知，在学生头脑中留下较深刻的矛盾冲突，为帮助学生解决问题提供依据。）

5.小组讨论，揭示反馈

师：如果你是小明，你准备怎样解决呢？请每个小组拿出课前准备好的卡片（分别印有小狗、小兔和白菜的三张卡片），一起来研究研究怎样帮这位农民伯伯。你们想怎样解决就怎样解决。看哪一小组的方法最有新意、最合理。

6.实践操作，交流分享

生1：农夫可以先带兔子到对岸，然后空手回来。第二步，带狗到对岸，但把兔子带回来。第三步，把兔子留下，带菜到对岸，空手回来。最后，带兔子到对岸。这样三件东西都带过河去了，一件也没有遭受损失。

生2：他可以先带兔子过河，然后空手回来。第二步，带白菜到对岸，再把兔子带回来。第三步，把小狗带过河，然后空手回来，最后把兔子带到对岸。

师：解决这个难题的关键是什么？

生3：狗要咬兔子，兔子要吃青菜。所以，关键是要在渡河的任何一个步骤中，把兔子和狗，兔子和青菜分开，才能免受损失。

（评：组织讨论，动手动脑，合作学习，交流信息，培养学生的探索精神、多角度思维及合作精神，使协作与竞争成为可能，及时反馈、自我调控成为可能，充分发挥集体学习效应。）

## 三、体验成功，深化提高

师：因为帮农民伯伯运东西，所以小明他们就和吴老师走散了。你们想知道他们又遇到什么难题了吗？不知不觉到了晚上，他们才恋恋不舍地往回走。路上他们要经过一座独木桥，此桥一次最多只能走两人，他们只有一支手电筒，过桥是一定要用手电筒照着走的。这时意犹未尽的小明给同伴出了一个难题："我过桥最快需要2分钟，冬冬最快需3分，贝贝最快需8分，小雨最快需10分钟。走得快的人要等走得慢的人，有几种不同的过桥方法？"

学生以四人为一小组分别扮演不同的角色，组织讨论怎样走最合理。

讨论后请学生汇报结果。（一学生说过桥的方法，全班学生一起说算式，教师板书算式。）

生1：先让贝贝和小雨过去要10分钟，再让贝贝回来共18分，接着贝贝和小明过桥是8分，共26分，然后小明回来和冬冬过桥一共是31分钟。

列式：10+8+8+2+3=31（分）

生2：先让小明和冬冬过桥要3分，然后让冬冬回来接贝贝过桥共14分，再让贝贝回来和小雨一起过桥一共是32分。

列式：3+3+8+8+10=32（分）

生3：他们的方法都太麻烦，我的方法是这样的：先让小明和贝贝过桥是8分，再让小明回来和小雨过桥共20分，接着让小明回来和冬冬过桥一共25分钟。

列式：8+2+10+2+3=25（分）

生4：这种方法虽然比第一种快一些，但还不是最快的，而且小明也太辛苦了。我们组的方法是这样的：先让小明和冬冬过桥是3分，再让小明回来，贝贝和小雨过桥共15分，接着让冬冬回来和小明过去一共是21分。

列式：3+2+10+3+3=21（分）

师：你们认为哪一种是最好的方法？

生：第4种。

师：我也同意！虽然过桥的方法很多，但是我们应该考虑到实际情况，因为是在晚上，为了安全，我们应让过桥和等候的时间最短。

（评：在多角度发散思维后，评出最佳方案，以培养创造性思维，并且让学生欣赏自己的创造成果，享受取得成功后的喜悦。）

## 四、全课总结

今天我们通过小组同学的合作学习，明白了解决一个问题的方法可以有好多种，但我们要具体情况具体分析，根据具体情况选择一种最合理、最好的方法去解决。

# 第十节　掷一掷

**活动内容：**

可能性。

**活动目标：**

1.通过活动，体会猜想、实验、验证的过程，进一步探讨事件发生的可能性的大小。

2.在活动过程中，进一步巩固简单组合的有关知识。

3.通过游戏活动，进一步提高学生的动手实践能力，培养学生学习数学的兴趣。

**活动准备：**

骰子、统计表等。

**活动过程：**

## 一、确定活动

同学们都看到了，今天每个人的桌子上都放了一颗骰子。骰子的上面有些什么点数？如果同时掷两颗骰子，朝上的两个面上的点数加起来可能是多少？（按学生所答，形成板书：2，3，4，5，6，7，8，9，10，11，12。）

有可能是1吗？为什么？（不可能，最小是2）

有可能是13吗？（不可能，最大只能是12）

通过刚才的讨论，大家已经明白了，同时掷两颗骰子，朝上的两个面上的点数加起来可能是：2，3，4，5，6，7，8，9，10，11，12。

## 二、师生比赛

师：老师想和同学们来做个"掷一掷"的比赛。比赛规则是这样的：拿两颗骰子，掷一下，看朝上两个面掷出来点数，如果和是5、6、7、8、9，就是老师赢；如果和是其他的数，就是同学们赢。

老师和一名学生比赛，两人各掷10次，再邀请一名学生上来统计掷出的两个点数的和的情况。游戏结束，观察统计结果，谁赢得多。

学生观察黑板得出：5、6、7、8、9这一组数出现的次数多，老师赢了。

## 三、同桌游戏

师：想知道老师为什么选择 5 — 9 这一组数吗？

师：现在让我们来找找原因吧。你们的桌面上都有一张统计表，现在四人小组一起掷骰子，掷出两颗骰子，朝上的两个点数的和是几，就在几的上面涂一格，三人掷，一人记录。（学生掷骰子20次，并记录）

各小组汇报，教师记录。

师：你发现了什么？为什么5、6、7、8、9这几个数字出现的可能性最大？

（学生观察，并汇报想法，师板书）

板书：　2　　3　　4　　5　　6　　7　　8　　9　　10　　11　　12

　1+1　1+2　1+3　1+4　1+5　1+6　2+6　3+6　4+6　5+6　6+6

　　　2+1　2+2　2+3　2+4　2+5　3+5　4+5　5+5　6+5

　　　　　3+1　3+2　3+3　3+4　4+4　5+4　6+4

　　　　　　　4+1　4+2　4+3　5+3　6+3

　　　　　　　　　5+1　5+2　6+2

　　　　　　　　　　　6+1

师：从表中你看出了什么？

生：和是2—12的数，越往中间，组成它的算式越多，两边的算式比较少。5—9这一组数的组合有24种，而其余的数的组合只有12种。和是5、6、7、8、9的可能性大，和是2、3、4、10、11、12的可能性小。

师：现在你知道一开始的比赛老师赢的原因了吗？

## 四、学以致用，解决问题

元旦快到了，三和超市准备举行"元旦"促销活动呢！凡购物满200元，可以掷两颗骰子，根据两颗骰子的总点数决定送礼券多少。

假如你是超市老板，你希望顾客拿走大奖的可能性大，还是拿走小奖的可能性大？

经理准备了三种方案，如果你是超市老板，你会采取哪一种呢？为什么？

方案1：

| 总点数 | 2 | 3 | 4 | 5 | 6 | 7 | 8 | 9 | 10 | 11 | 12 |
|---|---|---|---|---|---|---|---|---|---|---|---|
| 礼券额 | 5 | 10 | 15 | 20 | 25 | 30 | 30 | 35 | 40 | 45 | 50 |

方案2：

| 总点数 | 2 | 3 | 4 | 5 | 6 | 7 | 8 | 9 | 10 | 11 | 12 |
|---|---|---|---|---|---|---|---|---|---|---|---|
| 礼券额 | 5 | 10 | 15 | 20 | 30 | 50 | 30 | 20 | 15 | 10 | 5 |

方案3：

| 总点数 | 2 | 3 | 4 | 5 | 6 | 7 | 8 | 9 | 10 | 11 | 12 |
|---|---|---|---|---|---|---|---|---|---|---|---|
| 礼券额 | 50 | 30 | 20 | 15 | 10 | 5 | 10 | 15 | 20 | 30 | 50 |

如果你是顾客，你希望超市选哪种方案？

## 五、全课小结

今天这节课，我们从"掷一掷"的游戏中，研究了两个点数的和出现的可能性，同学们很了不起，会用所学的数的组成的知识来解释可能性的大小。下次如果你在街上看到有人在玩类似的游戏，就可以利用今天所学的知识来戳穿他的把戏了。

# 第十一节　制作活动日历

**活动内容：**

制作活动日历。

**活动目标：**

1.在制作活动日历的数学活动过程中，巩固年、月、日、星期的认识，掌握它们之间的联系，积累数学活动经验。

2.在探索日历制作方法的过程中，培养学生有条理地思考问题和解决问题的能力，积累数学思维活动的经验。

3.培养学生之间的交流借鉴、资源共享的合作意识，激发学生参与综合实践活动的兴趣。

**活动重、难点：**

活动重点：活动日历的制作方案。

活动难点：用木块表示出一个月的日期（最多31个数据）。

**活动准备：**

4个小正方体木块、1个纸盒、彩笔等。

**活动过程：**

## 一、创设情境，激发兴趣

1.谈话导入

大家都喜欢"六一"儿童节，谁知道今年的"六一"儿童节是星期几？怎么才能知道？

要想知道几月几日是星期几，看日历就可以了。日历可以查找节日、星期几等，方便人们安排自己的生活、工作。

2.日历展示

大家课前都收集了一些日历的资料，谁能简单介绍一下？

选择具有代表性的三种不同种类的日历，分别是整本年历、单张年历、台历等。然后分组进行分析、比较不同日历的相同点与不同点，选小组代表把每个组的分析情况汇总。

3.揭示课题

今天利用所学知识，发挥大家的"小宇宙"来制作一份精美的日历。（板书：制作活动日历）

## 二、交流分享，讨论方案

1.知识回顾

结合学生的介绍，引导学生思考并回答。

①一年有（　　）个月。

②大月有（　　）个，小月有（　　）个。

③二月有（　　）天或（　　）天。

④一年有（　　）天或（　　）天。

2.确定样式

制作日历最基本的要素是什么？

总结出日历的一般结构和作用。结合学生回答，板书：年、月、日和星期。

3.布置任务

利用4个小正方体木块和1个纸盒设计一个简易的活动日历。

怎样用4个小正方体木块表示出12个月、31天、星期一至星期日？

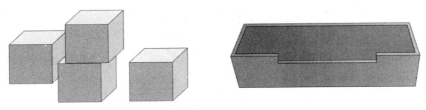

4.分享交流

学生先独立思考，再小组讨论。

怎样分配4个小正方体木块？它们各表示什么？

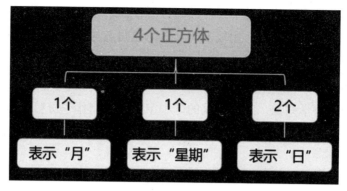

一个木块只有6个面，怎样表示出12个月（12个数据）？

用一个木块的6个面，表示月份：每个面写2个月份。（至于怎么在一个面上表示两个月更好，也由每个小组自主决定。）

一个木块只有6个面，怎样表示星期一至星期日（7个数据）？

用一个木块的6个面，表示星期：一个星期有7天，因此其中的两天要写在同一个面上。（至于哪天放在一起则由每个小组自主决定。）

一个木块只有6个面，怎样表示出一个月的日期（最多31个数据）？

用2个木块，每个木块的6个面表示日期：要表示的最大的日期是31，十位上有可能出现0-3，个位上有可能出现0-9，两块木块各写什么样的数字才能保证所有的日期一定都能出现。（一个木块：0，1，2，3，4，5；另一个木块：0，1，2，7，8，9。6和9可以用一个数字表示。）

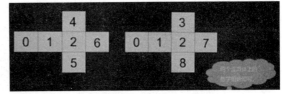

5.确定步骤

制作活动日历的步骤是什么?

有学生说出了一部分,但说得不够全面,下面请小精灵介绍一下制作活动日历的步骤。

| 如何制作活动日历 | | | |
| --- | --- | --- | --- |
| 日历的基本要素 | 数据个数 | 需要正方体个数 | 标注方式 |
| 年 | 1 | 0 | 标在底座上 |
| 月 | 一年12个月 | 1 | 每个面表示两个月 |
| 日 | 一个月最多31天 | 2 | 两个正方体都有0、1、2、6和9用同一个数字,3、4、5、6、7、8任意分配在另外6个面上。 |
| 星期 | 一个星期7天 | 1 | 每个面代表一天,其中任意两天放在一个面。 |

制作活动日历
1.用一个木块表示1~12个月
2.用一个木块表示星期一到星期日
3.用两个木块表示1~31天
4.同底座组合

## 三、动手实践,成果展示

1.实践操作

你们组打算怎么分工呢?

分小组制作活动日历,教师巡查指导。

2.成果展示

你们组是如何制作活动日历的?

以小组为单位在全班进行交流介绍。

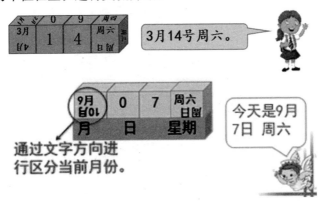

通过文字方向进行区分当前月份。

3.经验汇总

你最喜欢哪件作品？为什么？

## 四、活学活用，拓展练习

请看活动日历，小组开展问答游戏。

例如：1月1日是星期几？5月1日是星期几？10月1日是星期几？

## 五、知识延伸，课后实践

1.了解日历

介绍日历的来历。

2.课后实践

由于时间关系，每个组只做了一个活动日历，课后请同学们尝试制作明年的年历，做出自己的特色，然后送给你的家人。

# 第十二节　24点

**活动内容：**

初步掌握玩24点的游戏规则；进行简单的游戏。

**活动目标：**

1.通过实践活动，感受数学与生活的联系，加深对所学知识的理解，提高计算的能力。

2.培养学生的合作与竞赛的意识。

**活动准备：**

以小组为单位，每组准备一副扑克牌。

**活动过程：**

## 一、活动准备

1.根据每个学生的座位，前后四个同学为一组。

2.同学们自己在组中选一位同学当组长。

## 二、分配任务

1.组长的任务：

（1）保管记录本。

（2）记录每次出牌的情况及计算的结果。

2.组员的任务：

（1）熟读游戏规则。

（2）每个学生拿每副扑克中的1—10张牌。

3.游戏规则：

（1）每个学生每次各出一张，牌一出就开始算，用"＋""－""×""÷"

法使这四个数的结果为24。（我们把这种方法简称为"24点"）谁能最快地算出来谁就是胜利者。桌面的四张牌由胜者收，最后牌最多者胜出。胜出者要在下一轮中与每组的胜出者进行比赛。

（2）每次四张牌上的数都要用上，每张只能用一次。

（3）若小组中四人都计算不出24，由负责人记录下这四个数，并更换其中一张。

（4）每次活动课后，记录本由组长整理，把没算出来的汇总，下一次课前由老师把这些数公布出来，全班同学共同解答。

## 三、开展活动

全班齐读游戏规则，并由组长把游戏规则抄在每个记录本上。

## 四、全班竞赛

由老师出题，全班同学完成。

竞赛题1：出牌 2、4、7、10

请同学在最快的时间内用四则运算算出24。老师做记录。

时间：第四周星期二

小组成员：李** 林** 甘** 梁**

负责人：林**

| 次数 | 出牌 | 算式 | 李 | 林 | 甘 | 梁 | 备注 |
|---|---|---|---|---|---|---|---|
| 1 | 2、4、7、10 | ①7-4=3 ②10-2=8 ③3×8=24<br>①10-7=3 ②2×4=8 ③3×8=24 | | √ | √ | | |

竞赛题2：出牌 1、1、2、2

| | | | | | | | |
|---|---|---|---|---|---|---|---|
| 2 | 1、1、2、2 | | | | | | 没算出 |

## 五、课堂总结

这一节课，你学到了什么？

# 第六章　四年级数学活动课教学设计

## 第一节　不灭的圣火——数学奥林匹克

**活动内容：**

数学奥林匹克。

**活动目标：**

了解数学奥林匹克，培养学生学习奥数的兴趣及爱国精神。

**活动重点：**

中国在数学奥林匹克的发展和取得的辉煌成绩。

**活动用具：**

福娃图片和奥运会会歌。

**活动过程：**

## 一、情景引入

在奥运会会歌的歌声中，教师拿出五张福娃图片问：看到图片，同学们想起了什么？（在中国北京举办的奥运会）

刚才我们听到的是优美庄严、激越飞扬的奥运会会歌！2008年它在我们的祖国首都北京响起。

奥林匹克运动起源于古希腊，是关于灵活、力量与美的竞赛。它因古希腊的一个地名——"奥林匹克"而得名。奥运会众所周知，可是，你知道世界上还有个"数学奥林匹克"吗？

## 二、探索新知

**1.数学奥林匹克的起源**

数学奥林匹克，指的是数学竞赛活动。数学竞赛是一项传统的智力竞赛项目，对于激发青少年学习数学的兴趣、拓展知识视野、培养数学思维能力，以及选拔数学人才，都有着重要的意义。

最先举办数学竞赛的国家是匈牙利。早在1894年，匈牙利数学物理学会就已通过一项决议：每年为中学生举办数学竞赛。从此之后，除了因世界大战和匈牙利事件期间中断了7年之外，这个竞赛每年10月都要举行，沿袭至今。

**2.数学奥林匹克的发展**

1934年和1935年，前苏联在列宁格勒和莫斯科举办中学数学竞赛，并最先冠以"数学奥林匹克"的名称。从此，这一名称就正式出现了。1959年，罗马尼亚数学物理学会向东欧七个国家发出邀请，在布加勒斯特举办"第一届国际数学奥林匹克"，从而产生了每年举办一次的国际数学奥林匹克（简称IMO），至1992年，共举办了33届。

**3.中国加入数学奥林匹克**

我国首次参加了1985年在芬兰举行的第26届国际数学奥林匹克，由于仓促上阵、准备不足和缺乏经验，所以这次成绩不太理想，仅吴思皓获得铜牌。1986年，我国中学生数学奥林匹克代表队一行6人，参加了在波兰华沙举行的第27届国际数学奥林匹克，有3人获得金牌，1人获得银牌，1人获得铜牌，团体总分名列第四。我国中学生第二次参赛就表现出这样高的水平，取得这样好的成绩，确实举世瞩目；同时，也第一次向世界显示：我国中学生数学奥林匹克代表队已跻入世界强队之列。

**4.中国在数学奥林匹克取得的辉煌成绩**

此后，我国中学生参加国际奥林匹克的成绩一届好于一届：1987年参加第28届大赛取得了2金2银2铜团体总分名列第三的好成绩；1988年参加第29届大赛取得了2金4银团体总分名列第二的好成绩；1989年参加第30届大赛获4金2银团体总分第一名。同时，中国又是第30届得金牌最多的国家，引起世界轰动！1990年参加在北京举办的31届大赛，5名参赛选手获4金1银团体总分第一。我国选手的优异成绩为世人瞩目。1991年参加第32届大赛获4金2银团体总分第一；1992年参加第33届大赛战果辉煌，获得6枚金牌和团体总分第一；更是来之不易！

"事实胜于雄辩"。一次又一次的事实证明：中华民族是擅长数学的民族！数学是我国劳动人民所擅长的学科！当代著名数学家陈省身教授曾经预言："21世纪的数学将是中国人的数学！"更确切地说：21世纪的数学将是中国今天青少年一代的数学！IMQ在我国中学生中已有较大影响，冲向IMO已是我国中学生中的佼佼者们的目标之一。

我国是开展数学竞赛活动较早的国家之一。1956年，在北京、上海、天津、武汉四大城市举办了我国第一届数学竞赛。1978年开始举行全国性高中数学联赛；1983年又开始举行全国性初中数学联赛；以后每年一次。大多数省市每年还举行地区性的数学竞赛活动，跨地区性的数学竞赛也不少。一些城市还经常举办中学各个年级的数学竞赛活动。1986年，为了纪念著名数学家华罗庚逝世1周年，更好地发展和培养人才，我国举办了首届"华罗庚金杯"少年数学邀请赛。全国22个城市的近150万少年参加了这一活动，声势浩大，盛况空前。

5.老师对同学们的希望

数学奥林匹克圣火熊熊燃烧，光照大地。老师希望同学们学好数学，热爱数学，为祖国美好的明天做出更大的贡献！

# 第二节 从变化中找规律

**活动内容：**

从变化中找规律。

**活动目标：**

1.通过操作活动，观察发现、掌握从变化中找规律的方法并进行实践应用。

2.通过活动激活学生思维，陶冶情操，为培养他们的探索能力打下基础。

**活动用具：**

每人准备12颗图钉、4张白纸。

**活动过程：**

1.将长度是5厘米的长方形纸像下图那样重叠粘在一起，重叠部分1厘米。

（1）当3张纸粘在一起，重叠处共有(   )个，相粘后长(   )厘米。

（2）当4张纸粘在一起，重叠处共有(   )个，相粘后长(   )厘米。

先独立活动；再小组交流，有规律吗？符合哪条规律？

2.小结：重叠处比张数少1，相粘后的长度＝一张纸的长度×纸的张数－几个重叠处长。

练一练，填空：

（1）16张纸粘在一起，重叠处共有（   ）个，相粘后长（   ）厘米。

（2）100张纸粘在一起，重叠处共有（   ）个，相粘后长（   ）厘米。

（3）1000张纸粘在一起，重叠处共有（   ）个，相粘后长（   ）厘米。

3."六一"节到来，四（3）班学生布置"六一"专刊，没有带双面胶，只有图钉。

（1）现在有12张小报张贴，如果按这种形式 钉图，需要几颗图钉？小组操作活动，并找出规律。

提问：你能知道张数与图钉有什么关系？如果每排12张，需要（　　）颗图钉。

学生答：图画每增加一张，图钉就要增加2颗。12张就有11个重叠，即：图钉＝4＋（张数－1）×2。教师小结。

练一练：有100张画，要（　　）颗图钉。

个体活动操作后填空。

（2）已知图钉数有8颗，一排要（　　）张。

已知图钉数有10颗，一排要（　　）张。

已知图钉数有12颗，一排要（　　）张。

你能发现规律吗？小组交流，得出规律。

小结：（颗数－4）÷2＋1＝几张纸。

（3）如果要102颗图钉，一排钉完要几张图画？每张画图长是10厘米，重叠处1厘米，钉完的图画长（　　）厘米，这样排合理吗？

4.思考：如果二排或三排钉完又有什么规律？

5.课堂总结：今天学了从变中找规律，你有哪些收获？

# 第三节　大钻石跳棋游戏

**活动内容：**

棋盘中的数学。

**活动目标：**

从一棋有多种走法培养一题多解、从多方面入手解决问题的能力。

**活动用具：**

自画棋盘及每组32枚棋子。

**活动过程：**

## 一、情景引入

这节课我们来做一个非常有趣的游戏。先照下图画一个棋盘。开始时，棋盘中所有的格点上共摆着32枚棋子，棋盘正中间的一个格点（17）空着，不放棋子（你可以用一副象棋棋子来代替，因为象棋棋子正好有32枚）。

## 二、探索新知

一切准备就绪，就请按下面的走棋规则行事。

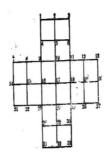

1.每走一步，一枚棋子可以跳过另一枚与它相邻的棋子，跳到前方的空格

上去。例如，开始时，在位置15的棋子可以跳到位置17。跳的时候可以横跳或竖跳，但不准斜跳，也不能越过两子或两子以上。

2.被跳过的一枚棋子立即从棋盘上拿掉。

3.如果不跳，就不得移动位置。也就是说，"跳"是这个棋的唯一动作，不允许"走"棋。

4.只要按照上述的规则，一枚棋子可以连续地"跳"。

本游戏的要求是，找到一种巧妙的跳法，使最后只剩下一枚棋子，而要求这枚棋子又恰好占据棋盘的中心位置，像兀立于鸡群之中的仙鹤一样。

这则游戏原名叫"大钻石"（The Grand Diamond），起源于北欧，现在已经传遍全球。对于它的解法，还定了个评分标准：

最后剩下5子者：及格

最后剩下4子者：良好

最后剩下3子者：优秀

最后剩下2子者：出众

最后剩下1子且位于中心者：大师

聪明的同学们，你们愿意尝试一下吗？

# 第四节 倒推转化——巧拿硬币

**活动内容：**

倒推和反向转化的推理。

**活动目标：**

经历和感受倒推的思考过程，感受数学奇妙之处。

**活动用具：**

课件、每两人自备15枚硬币。

**活动过程：**

## 一、情景引入

听说过拿硬币游戏吗？拿硬币游戏是一个两个人玩的游戏，要求每个参加者轮流拿走若干硬币，谁拿到最后一枚硬币谁就算赢。拿出15枚硬币，叫上一个学生和教师做示范。规则是每人每次至少取1枚，至多取5枚，谁拿到最后一枚谁就赢得全部15枚硬币。

得结果：教师赢！换第二个学生做游戏，再得结果：教师赢！

## 二、探索新知

学生会问：为什么总是老师赢？

引导学生分析一：

两个游戏者（你和你的一位同学）轮流取走若干枚。游戏开始了，你一定在想：有没有能保证你赢的办法呢？若有，这办法又是什么呢？现在你把自己想象成处于即将赢的状态，该你取硬币了，而且桌面上硬币恰好不超过5枚，这时，你可以一次拿走桌上的所有硬币，成为赢者。

引导学生分析二：

现在，你能不能从这样的终点状态往前推，找出一个状态，使得只要你的对手处在这一状态，那么无论他拿走几枚硬币，你都会处于理想的获胜状态？不难发现，如果你的对手处于桌面有6枚硬币的状态，那么无论他拿走几枚（从1枚到5枚）硬币，桌上都会剩下至少1枚至多5枚硬币，这样胜利一定属于你。也就是说，谁拿走第9枚（15—6）硬币，谁将获胜。于是，游戏1获胜情况就与下面游戏2结果相同。

引导学生分析三：

桌上放着9枚硬币，两个游戏者（你和你的一位同学）轮流取走若干枚。规则是每人每次至少取1枚，至多取5枚，谁拿到最后一枚谁就赢得9枚硬币。由对游戏1的倒推分析，我们不难知道，游戏2的获胜情况与下面游戏3结果相同。

引导学生分析四：

桌上放着3枚硬币，两个游戏者（你和你的一位同学）轮流取走若干枚。规则是每人每次至少取1枚，至多取3枚，谁拿到最后一枚谁就赢得3枚硬币。在此游戏中，你只要第一个从桌上拿走3枚硬币便可赢。可见，你要在游戏1中取胜，只要第一个取走桌面上的3枚硬币便一定能赢。

## 三、练习巩固

利用上面的最佳战略方法和你的小朋友做下面的游戏：桌上放30枚硬币，两个游戏者（你和你的一位同学）轮流取走若干枚。规则是每人每次至少取2枚，至多取6枚，谁拿到最后一枚谁就赢得全部30枚硬币。 相信你，准赢。

# 第五节 可怕的白色污染

**活动内容：**
可怕的白色污染。

**活动目标：**

1.培养学生对资料的收集、整理、运用的能力以及信息处理、加工的能力。

2.获得一些初步的数学实践活动经验，能够运用所学的知识和方法解决简单问题。

3.知道什么叫白色污染，认识到白色污染对环境，对人类生活、生存带来的危害。

4.经历观察、调查、推理等实践活动，在合作和交流过程中，获得良好的情感体验。

**活动用具：**
彩笔、计算器、空白统计表及统计图。

**活动过程：**

## 一、情境导入

课件演示：清秀的山水的图片和白色污染的图片比较，你看懂了什么？变成这样的原因是什么呢？你还在哪儿见过这样的情景？

（板书：白色污染）

## 二、认识白色污染及其危害

1.小组交流查到的资料，讨论：

（1）什么是白色污染？

（2）白色污染有什么危害？

2.全班汇报交流。

3. 小结: 农用地膜、包装用塑料膜、塑料袋和一次性塑料餐具在使用后被抛弃在环境中，给景观和生态环境带来很大破坏。由于塑料包装物大多呈白色，因此造成的污染被称为"白色污染"。白色污染会对人体、环境、动物和农作物造成危害。

## 三、调查计算，进一步认识白色污染的可怕。

1.通过调查计算，看看白色污染的危害程度。

（1）你家每天大约要用多少个塑料袋？你是怎么知道的?

（2）小组内汇报交流搜集的数据，将调查的结果制成统计表和统计图。

2.展示学生作业的情况，给予表扬和鼓励。

3.计算：

（1）我校约有400名同学，如果按上面的数据计算，每天约要用掉多少个塑料袋？

（2）一个星期呢？ 一个月呢？ 一年呢？

（3）如果一个塑料袋的面积大约是4平方分米，请你计算我校同学的家庭每年用掉的塑料袋铺开占地约（　　）平方米，相当于（　）个操场的面积。

4.通过一个家庭一年的生活垃圾堆积的垃圾柱（课件演示），想象乌鲁木齐市常住人口约200万大约70万个家庭造成的危害有多大。这污染太可怕了。

（完善课题：可怕的白色污染）

## 四、减少污染的措施

1.一次性塑料用品在经济、方便、卫生的同时，也给我们的生活带来巨大的危害。小组讨论，该怎样减少白色污染？

2.你和家人可以做出怎样的努力？

## 五、总结宣传，倡议环保行动

可怕的白色污染就在我们身边，今天我们用统计图、统计表和求平均数等知识深入了解了白色污染的危害，只要你是个认真、细心的人，时时处处都会发现数学就在我们身边。通过今天的学习，希望我们每个学生从你我做起，做环保的小卫士，保护我们的地球。在这里，你想对大家说什么？（环保倡议）

（课件演示环保行动倡议）

## 六、作业

向家人及周边的人宣传白色污染的危害，加强环保意识。

# 第六节　旅游中的数学问题

**活动内容:**

旅游中的数学问题（人数、购物、租车、购票）。

**活动目标:**

1.运用所学知识，用不同方法解决生活中的数学问题。

2.能根据现实情景和信息提出问题，通过观察、思考，设想出不同的解决问题的方法，培养学生的探索意识和求异创新思维。

3.感受到生活中处处有数学问题，激发学生学习数学的兴趣，培养学生初步的数学应用意识。

**活动准备:**

全班分组；电脑课件。

**活动过程:**

## 一、创设情境，激起学生的学习兴趣

师：同学们，某旅游公司打算来我们学校组织同学去阳江闸波旅游，想去吗？

师：老师也想去，不过，在旅游之前，我们应该考虑几个问题呢？

总结出这节课先解决什么，后解决什么。（概括出：人数、购物、乘车、购票四个问题）

## 二、自主探索，解决问题

1.联系班级实际，解决"人数"问题

（1）创编例题

师：我们首先来解决旅游人数这个问题。观察一下我们班有几个小组？每个小组有几个同学？

根据班级实际由学生回答，形成应用题的条件部分：我们班有7个小组，每个小组有6个同学。18位老师要和同学一起去旅游。

师：根据班级这些信息，同学们能提出哪些问题？

师：你们真爱动脑筋，提出了这么多问题，现在咱们就一起来解决"一共有多少人去旅游"这个问题。

（2）学生独立尝试解决问题

师：谁愿意把你的解题方法说给大家听？并说说先算什么，再算什么。

（3）汇报结论

2.解决购物问题

（1）师：刚才同学们已经计算出了旅游人数。接下来我们解决购物问题。这里是小熊家开的一家食品店，我们来看看都卖什么东西？

（2）师：同学们想想，自己需要买什么东西？

（3）师：把自己要买的食品名称和数量告诉小组长，小组同学一起统计一下各组要买食品的数量和所需要的钱数，然后填在表格里。

（4）估一估，自己小组里平均每个同学大约要花多少钱。

（5）各组汇报、评价。

师小结：同学们还真细心，很会算账，都把小组的账目算得清清楚楚。

3.解决乘车问题

（1）师：买好了旅游食品，我们该去租车了。现在，请同学们观察图（教师出示图），从图上你知道了什么信息？

（2）假如让你去租车，你有几种租车方案？请把租车方案写在老师为你们准备好的纸上，看谁设计的方案又多又好。

（3）和小组同学交流一下自己的租车方案。

（4）个别汇报并说明理由。

（5）师小结：同学们真厉害，想出了这么多租车方法，而且都说出了自己的想法和理由，真能干。

4.灵活应用，解决购票问题

（1）出示挂图，激发兴趣

师：同学们，闽波有一个美丽的岛屿叫马尾岛，马尾岛里有一个神奇的"海底世界"，大家想去参观吗？可是，要去马尾岛参观海底世界必须坐船，因此，我们要考虑船票，一起来看看《购票须知》：

本公司按物价局文件规定，乘坐游船票价如下：个人票，每人10元；包船，每条船10个人，每个座按8元计费。请游客自觉购票上船。

闸波旅游区<br>2005年1月

（2）指导学生理解题意，学生读《购票须知》；引导理解"包船"的含义。

（3）师：聪明的同学们，我们班有42名同学，要坐船去马尾岛，买船票需要多少元？请同学们在练习本上算一算。

（4）小组交自己设计的购票方案。

（5）学生汇报，评价最价方案。

## 三、课堂总结

小结：这节课大家表现得很出色，自己解决了这么多旅游中的数学问题，而且方法又很多，太好了。那么，这节课你学会了什么？还有什么问题吗？

评一评哪个同学表现较好。

师：同学们，数学就在我们的身边，生活中处处有数学。我们要学会用数学方法解决生活中的实际问题。

# 第七节　猫抓老鼠

**活动内容：**

解决问题。

**活动目标：**

培养提出问题的好习惯、培养分析问题、解决问题的能力。

**活动用具：**

每两人一个自画棋盘和两枚不同棋子。

**活动过程：**

## 一、情景引入

我们听说过《猫抓老鼠》的故事，今天我们来一起玩猫抓老鼠的游戏。

## 二、探索新知

1.说明游戏规则

这个游戏是一个两人玩的棋盘游戏，开始时，一人把一枚棋子（代表猫）放在棋盘的左上角（图中画猫的那个圆圈），另一枚棋子（代表老鼠）可以放在棋盘上除了"猫"所在的任何一个圆圈中。开始时，"老鼠"先走，然后"猫"走，就这样轮流移动，每次移动可以从一个圆圈沿直线移到相邻的圆圈。不允许移到棋盘以外，也不允许轮到移动时呆在原地不动。

棋盘如下图。

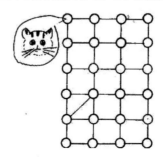

**2.玩游戏**

两人为一组玩游戏。

## 三、思考：猫为什么一定会赢

同学们试着在棋盘上玩这个游戏，几盘下来以后同学们就会发现，无论刚开始时"老鼠"在什么地方，"猫"总能抓住"老鼠"，请问这是为什么？

因为图中除了横线和竖线外还有一条斜线，每走一次斜线就相当于两次横线或竖线。只要猫比老鼠多走一次斜线就一定赢。

# 第八节 "奇偶性"的数学活动课

**活动内容：**

奇偶性。

**活动目标：**

通过活动发现奇偶数的一些规律，并能应用这些规律解决一些简单的实际问题；培养学生用数学的意识。

**活动过程：**

## 一、活动中探索奇偶性的规律（特异功能）

1.猜数活动

请你们在两张小纸片上分别写一个奇数和一个偶数，写好后，两只手各握一张，记住手中的数不要让别人看。现在请你将左手中的数乘以2，右手中的数乘以3，再把积相加。告诉我得数是奇数还是偶数，我要知道你们手中的数是奇数还是偶数。算好了吗？

板书：左手中的数×2 右手中的数×3 得数

表演现在开始，你算出的得数是多少？

学生可能会经历好奇—思考—掌握猜想的方法的过程。

师：你也会？那你试试看？

找一个学生报得数让他猜。（猜中几个后）

问：现在还有谁会了？

你们是怎么猜的？

2.探索规律

（1）真的吗？得数是偶数的同学请举手，看看右手中的数是偶数吗？

学生报出两只手中的数，老师板书。

（2）这倒是不错，那么得数是奇数的，右手中的数也是奇数吗？我们来看看。

学生报出两只手中的数，老师板书。

（3）为什么得数是奇数，右手中的数就是奇数；得数是偶数，右手中的数就是偶数？

请仔细观察上面的数，这其中有什么奥秘吗？

小组讨论。

小结得出：奇数 × 奇数=奇数　　奇数 × 偶数=偶数

　　　　　　　　奇数+偶数=奇数　　偶数+偶数=偶数

左手 × 2一定是偶数。

想一想：

8A　　是奇数还是偶数？

4A+3　是奇数还是偶数？

4A+B　是奇数还是偶数？

## 二、应用奇偶性解决实际问题

请看一个人正在吆喝：次次能中奖，百元大奖等你拿！快来呀，一元一次。

（课件出示：摸奖规则）

想一想：

你能中大奖吗？为什么？

怎样改一下规则你就能每次中大奖了？

这样的摸奖活动你会去参加吗？

## 三、拓展加深（智力大比拼）

数学大本营举办的智力大比拼正等着我们，让我们一起去展示一下实力好不好？

请每个小组商量一下，很快地给本组起一个具有代表性的名字，并写在纸上。每个小组的基本分是100分，答对一题得10分，答错不扣分。

请听题：

1. 在2—100这些连续的自然数中，偶数多还是奇数多？

2. 2A+7B=201，B是奇数还是偶数？小组商量后再做答。

3. 两个不同的质数的和是21，这两个质数分别是什么？

你能把这道题改一改，改成一道相近的题目吗？

如：两个不同的质数的和是59，这两个质数分别是什么？

两个不同的质数的积是62，这两个质数分别是什么？

4.停车场上停着一些汽车和自行车，请问这些车的轮子总数是奇数还是偶数？

4X+2Y    所以总数是偶数。

5.让你把37本练习本分给3位同学，要求每人分到偶数本，你能分吗？

## 四、总结

这节课你有什么收获？上了这节课后，你又有什么想说的，有什么想问的吗？

# 第九节　奇数偶数

**活动内容：**

奇数偶数。

**活动目标：**

通过活动发现奇偶数的一些规律，并能应用这些规律解决一些简单的实际问题；培养学生用数学的意识。

**活动过程：**

## 一、情景导入

摇奖。设置：摇到什么数加什么数后看中奖情况，奇数为大奖，偶数为"谢谢"。请学生尝试。

## 二、知识展开

1.单数、双数。

谁来说一说单数、双数。

生：双数是除以2没有余数的。

谁来举几个例子？

生：2、4、6、8……

谁能举大一点的数？

生：12、14、16、18、20……

谁能举几个单数？

生：27、29、31……

2.在数学中，我们把它们称为奇数、偶数。

3.选你们最喜欢的奇数、偶数或一奇、一偶做一做加减法。

交流：30+63=93

你选取的是什么数加什么数得到了什么数。

你所写的和他一样的举手。

18－7=11

还有其他情况吗？

生：偶数－偶数=偶数

10－8=2

还有其他情况吗？

105－5=100

4.你发现了什么？有没有奇数+奇数的？试一试。

整理：偶数±奇数=奇数　　偶数±偶数=偶数　　奇数±奇数=偶数

5.用3、4个数尝试相加练习，你又会发现什么？

很多个奇数相加你发现什么？

生：奇数个数相加是奇数；偶数个数相加是偶数。

## 三、尝试运用

1.一个杯子，杯口朝上放在桌上，翻动1次杯口朝下，翻动2次杯口朝上，翻动10次呢？翻动19次呢？翻动105次呢？说一说为什么？

生：奇朝下，偶朝上。

2.换成人来表演，背对大家、正对大家，能不能提这样的问题？

请学生演示。转一次面对大家，那么199次呢？202次呢？

3.三位同学背对大家，每次只允许两位学生向后转，这样转下去，能不能三位同学同时面对大家？

## 四、巩固理解

回到课前的游戏，还要摇奖吗？为什么？奇+奇=偶 偶+偶=偶 所以都是"谢谢"。

## 五、总结：奇偶数有哪些用处

# 第十节 有趣的线绳游戏

**活动内容：**

直线、线段、射线、角、三角形的认识。

**活动目标：**

1.在游戏过程中建立有关直线、线段、射线、角、三角形的概念，并在动手操作中形成初步表象。

2.培养学生观察、比较、归纳等思维能力、语言表达能力和动手操作能力。

3.激发学生学习数学的兴趣，培养学生的探索精神。

**活动准备：**

线绳、量角器、三角板。

**活动过程：**

## 一、激趣导入

1.同学们喜欢翻线绳游戏吗？两人一组翻一翻，看哪一组翻得花样多。

2.小小的线绳不仅能翻出这么多的花样，还能做更有趣的数学游戏，游戏中你会有什么新发现呢？下面咱们边游戏边探索。

## 二、游戏探索

1.直线、线段、射线。

先在黑板上画出，让学生填上名称。

再拿出一条线绳扯直，在这条直线上用打节的方法变出射线和线段，从中你发现了它们之间有什么关系？分别有什么特点？（边答边板书）

2.两条直线之间有什么关系？用线绳摆一摆。（相交、垂直、平行）

3.由"直线"变"角"游戏："直线"上打一个结，以这个结为顶点，两

边成两条射线，你能摆出多少样角？摆一摆、数一数。谁到前面来摆给大家看？（实物投影演示）

（1）说出角的各部分名称。

（2）用三角板上的直角量出以上各角中的直角，再用量角器量一量它是多少度。（标上直角90°）。

再用量角器量出"_____"是多少度？（标上平角180°）。

观察比较：看实物投影，小于90°的角有哪些？（认识锐角）大于90°而小于180°的角有哪些？（认识钝角）

跟老师做：按住线绳上的节，扯另一头旋转一周，转了几个180°？（认识周角360°）

（3）你发现这些角之间有什么关系了吗？用线绳边操作边说。

锐角→直角（90°）→钝角→平角（180°）→周角（360°）

引导说出：1平角=2直角　　　1周角=2平角=4直角

4.在线绳上打两个结，按住两个结，另两端相交围成什么图形？（三角形）指着说说各部分名称。

（1）四个人一组用线绳围出各种各样的三角形，选一个代表到前面实物投影上演示，其他同学做补充。

（2）观察三角形角的大小，给三角形分类：

三个角都是锐角的有哪些？（认识锐角三角形）

有一个直角的有哪些？（认识直角三角形）

有一个钝角的有哪些？（认识钝角三角形）

再观察三角形的边，认识等腰三角形和等边三角形。它们分别有什么特点？

（3）用量角器量一量每种三角形的三个角是多少度？加起来看一看和是多少度？你从中发现了什么规律？（三角形的内角和是180°）

（4）用一条线绳分别围出以上五种三角形，你怎么围？

小组里做，指名到前面实物投影上演示。


## 三、回顾总结、开拓创新

1.这节课你学会用线绳做哪些游戏？

2.玩儿线绳也能学知识，探索数学奥秘。那么，你还会用线绳做哪些数学游戏？从中你有什么收获？请大家课后积极研究。

## 四、巩固练习

1.填空。（大屏幕出示）

（1）直线没有（　　），射线有（　　），线段有（　　）。线段是（　　）上的一部分。（　　）和（　　）的长度是无限的。

（2）选择题。

锐角（　　　　　）钝角（　　　　　）平角（　　　　　）

12°　92°　179°　34°　89°　160°　58°　100°　180°　360°　179°

359°　1°

2.判断题。

（1）所有的等腰三角形都是锐角三角形。（　　）

（2）所有的等边三角形都是等腰三角形。（　　）

（3）一个三角形里如果有两个锐角，必定是一个锐角三角形。（　　）

（4）三角形的内角和是180°。（　　）

（5）一个周角里面有两个平角，四个直角。（　　）

# 第十一节 中国剩余定理——韩信点兵

**活动内容：**

中国剩余定理。

**活动目标：**

了解剩余定理在生活中的应用，培养学生学习数学的兴趣。

**活动过程：**

## 一、问题引入

同学们都听说过"韩信点兵"这个词，可否知道它的故事内容？

## 二、探索新知

我国汉代有位大将，名叫韩信。他每次集合部队，只要求部下先后按l-3、l-5、l-7报数，然后再报告一下各队每次报数的余数，就知道到了多少人。他的这种巧妙算法，被人们称为鬼谷算，也叫隔墙算，或称为韩信点兵，外国人还称它为"中国剩余定理"。

到了明代，数学家程大位用诗歌概括了这一算法。他写道："三人同行七十稀，五树梅花廿一枝，七子团圆月正半，除百零五便得知。"这首诗的意思是：用3除所得的余数乘上70，加上用5除所得余数乘以21，再加上用7除所得的余数乘上15，结果大于105就减去105的倍数，这样就知道所求的数了。

比如，一篮鸡蛋三个三个地数余1，五个五个地数余2，七个七个地数余3，篮子里有鸡蛋一定是52个。算式是： $1 \times 70 + 2 \times 21 + 3 \times 15 = 157$　　　 $157 - 105 = 52$（个）。

## 三、练习巩固

请你根据这一算法计算下面的题目：

第十五小学订了若干张《数学辅导报》，如果三张三张地数，余数为1张；五张五张地数，余数为2张；七张七张地数，余数为2张。第十五小学订了多少张《数学辅导报》呢？

班上同学按韩信点兵的方法报数并计算。

# 第十二节　足球表面的数学知识

**活动内容：**

足球表面的数学知识。

**活动目标：**

激发学生学习几何的兴趣，拓展知识视野，培养数学思维能力。

**活动用具：**

一个黑白相间的足球。

**活动过程：**

## 一、问题引入

我们大家都喜欢看足球赛，今天我们找找足球上的数学知识。

## 二、探索新知

拿出一个足球，观察：每个黑皮子周边缝了5个白皮子。已知整个足球面上有12块黑皮子。

问题一：求有几块白皮子？

乍一看，这个问题似乎无从入手，但解法并不难。解法如下：

解：每个黑皮子周边缝了5个白皮子，

白皮子共有（含有重复的）：$5 \times 12 = 60$（块）。

每个白皮子旁边都有3个黑皮子，所以被重复计算了3次，

白皮子共有：$60 \div 3 = 20$（块）。

因此，足球表面有白皮子共20块。

问题二：若是给出有20个白皮子，求黑皮子的个数呢？

解法如下：

解：每个白皮子周边缝了3个黑皮子，

黑皮子共有（含有重复的）：20×3=60（块）。

每个黑皮子旁边都缝有 5 个白皮子，所以被重复计算了5次，

黑皮子共有：60÷5 =12（块）。

因此，足球表面有黑皮子有12块。

## 三、课后思考

问题三：共32块皮子，黑白皮子各多少呢？

# 第七章　五年级数学活动课教学设计

## 第一节　我为班级修桌椅

**活动内容：**

三角形具有稳定性。

**活动目标：**

1.通过实践活动，进一步掌握"三角形具有稳定性"。

2.培养学生从周围生活中发现数学问题，运用所学知识解决实际问题的能力，从而使学生体验到数学与日常生活的密切联系。

3.在活动中培养学生知识迁移的能力、创造性思维能力和助人为乐的好品质。

**活动准备：**

（一）学生

请学生课前调查、寻找生活中结构是三角形的物体若干个，填在表中（每人一张表格）。

（二）教师准备晃动的桌椅若干套。

（三）按小组准备材料

1.宽度均匀、长短不一的木条若干根。

2.铁钉若干根。

3.铁锤一把。

4.座位：学生的座位呈U字形摆成两排，讲桌放在U字形开口处，晃动的桌椅放在教室中间。

**活动过程：**

## 一、活动导入

谈话：通过观察，你发现了生活中哪些物体的结构是三角形的？

学生汇报观察结果（房梁、建筑工地的脚手架、自行车车梁、乐谱架、起重机的起重臂等）。

学生汇报的同时，教师用实物投影展示学生填好的表格。

提问：生活中有这么多物体的结构是三角形，为什么要把它们做成三角形呢？（因为三角形具有稳定性）

## 二、实践探索

### （一）感知三角形特性

1.请学生四人一组共同制作三角形和四边形框架。

要求：木条衔接处要对齐，钉钉子时用力要适度。小组内要合理分工，密切配合。

教师先示范钉钉子的方法，然后分小组再合作完成。

（教师示范后巡视、辅导）

2.拉一拉做好的三角形和四边形框架，看看形状有没有改变。

学生实践后汇报：三角形框架的形状没有改变，而四边形框架的形状发生了变化。

提问：由此我们可以验证出哪个结论？（三角形具有稳定性，而四边形不具有这个特性）

### （二）稳固四边形框架

1.小组讨论：用什么方法能使这个不稳定的四边形变得稳定呢？

讨论出方案后，再合作完成。比比哪组的"工程师"最聪明。（教师到学生中了解讨论与实践的情况）

2.各小组汇报讨论结果，并展示其作品。学生可能出现多种方法。

方法一：在木条衔接处用粗钉子钉牢。

方法二：沿四边形的对角线加一根木条。

方法三：从顶点到对边加一根木条。

方法四：在对边之间加一根木条。

方法五：加两根木条。

3.学生自己评说各小组的加固方法。

教师适度引导，让学生给"加固"后的四边形框架施加较大外力，检验其牢固程度，整理出以下结论。

（1）当给四边形加一根支架，出现了三角形时，四边形就能稳定。如方法二、方法三。但当四边形加了支架后，仍没出现三角形时，还是不稳定。如方法一、方法四。

（2）方法五的四边形虽能稳定，但多加木条会浪费材料。

4.各小组交换"加固"后的四边形，再相互拉拉，实际感受各种情况。

**（三）实际应用——修理桌椅**

1.教师指着准备好的桌椅，提问：有几位老师的桌椅坏了，谁能帮老师想个办法修好它们？

2.学生分组讨论想方法。

3.学生汇报结果：在桌椅的下边斜着钉根木条就可以了。

4.提问：这是利用了什么知识？（三角形具有稳定性）

5.小组合作修理。要求：既牢固，又美观。

（教师辅导：木条的长短要合适，钉的方法要科学）

6.实践反馈。学生自己汇报修理情况。师生共同评出修理成功的小组，帮助失败小组找出原因。

# 三、活动总结

1.学生汇报本次活动的收获。

（1）通过动手实践，进一步掌握了三角形的特性。

（2）利用"三角形具有稳定性"，可以使物体牢固。

2.激励学生。

同学们，在这次活动中，大家表现得很棒。老师相信，只要同学们勤动脑、勤动手，将来一定会成为真正的工程师。

# 四、课外实践

请学生课后进一步了解实际生活中还有哪些地方利用"三角形具有稳定性"来为我们服务的。并讨论"四边形易变形"是缺点还是优点？在生活中又有哪些应用？

# 第二节　我设计的旅游方案

**活动内容：**

设计旅游方案。

**活动目标：**

1.使学生会正确使用列车时刻表，设计一个较为合理的旅游方案。

2.通过观察、比较、计算等方式，感受数学与现实生活的密切联系，培养学生的探索意识，锻炼学生用已有知识去解决实际问题的能力。

3.培养学生在分组合作中互相帮助的良好品质。

**活动准备：**

请同学们分组在双休日到火车站收集有关列车运行的信息，调查列车运行的里程和票价，把收集的数据加以整理，准备在全班汇报。

**活动过程：**

## 一、分组汇报

各小组提出自己在调查中遇到的问题及感想，其他小组可以互相补充。

生1：我知道以后外出旅行只要带着时刻表就可以随时了解火车车次。

生2：我知道火车有软座、硬座和硬卧。

生3：我知道了我要是回老家山东就坐2582次列车，我还了解了硬座票价是45元。

生4：我不用去了解票价，看着那张大的里程票价表，就能算出票价是多少。

对于学生叙述不够准确或不完整的地方，教师可以补充。

## 二、介绍列车时刻表

对于以上同学们收集的信息和数据，铁路部门为了方便旅客乘车，已制成了列车时刻表，同学们会使用它吗？请同学们分组讨论怎样正确使用时刻表。以合肥—上海1158次列车时刻表为例，大家从表中看出了什么？能计算出什么？

生1：我可以看出合肥—上海的全程是457千米。

生2：我看出列车出发时间和到站时间，还能算出一共行了多长时间。

生3：我会求全程的平均速度。

生4：我能把前面两位同学说的内容用图表示出来。

生5：我们这一组可以根据硬卧票价表算出合肥到上海的硬卧票价。

请同学们根据硬座票价表，分组合作制一张合肥—上海主要铁路站票价表。主要铁路站：合肥、蚌埠、南京、镇江、常州、无锡、苏州、上海。

学生制表。

### 三、设计旅游方案

假期来临了，你和爸爸妈妈打算到上海去游玩，准备住2天，爸爸给你1000元为买火车票和住宿用，利用时刻表，运用刚才获得的知识经验，设计一个旅游方案，并说明理由。同时出示宾馆住宿价目表：

普通2人间150元/天：电话、电视、空调；豪华2人间220元/天：电话、电视、卫生间、浴室、空调；普通3人间200元/天：电话、电视、空调；豪华3人间280元/天：电话、电视、卫生间、浴池、空调。

### 四、分组交流

分组交流旅游方案，说说设计的理由。（可以从行车时间、车票价格、住宿价格等方面说明）

### 五、全班交流

哪种方案比较合理？

（方案有许多种，只要能说出正确的理由，都是合理的。）

## 六、谈谈体会

生1：我现在能看懂时刻表了。

生2：我们不仅要学习数学知识，还要多接触社会，了解一些其他方面的知识。

生3：我会用我学过的知识去计算火车票价。

生4：今后我会根据家庭收入状况，设计一个合理的旅游方案。

生5：数学与生活密切相关，我要学好数学。

## 七、全堂总结

利用时刻表和同学们已有的知识经验，大家都能较合理地设计旅游方案。假期再去旅游时，你们就能检验自己的方案设计得是否合理了。

# 第三节　我当小小气象员

**活动内容：**

折线统计图。

**活动目标：**

1.引导学生在观察、比较天气情况的记录中，发现数学问题，并运用数学知识做出简单分析。

2.培养学生的实践操作能力和数学意识，激发勤思考、爱数学的热情。

**活动准备：**

1.提前十天布置学生分组观察记录近十天天气情况，并填表。

2.每人准备三张方格纸。

3.教师准备相应的投影片。

**活动过程：**

## 一、导入提出问题

师：前十天天气情况的记录，大家完成了吗？（完成了）同学们辛苦了，请组长把大家的成果展示一下。

（用实物投影仪展示各组记录。表扬完成较好的小组）

生：天气情况不同；气温有高有低；风的方向不一；风力有大有小。

师：下面我们就分别探讨这些问题。

## 二、展开解决问题

1.观察天气

师：这十天的天气都一样吗？（不一样）有几种情况？（晴、阴、雨三种情况）

师：请用画"正"的方法统计这三种情况各有几天。（晴3天、阴3天、雨4

天）

师：这三种天气各占总天数的百分之几？

生：晴天占30%，阴天占30%，雨天占40%。

出示扇形图。

师：用这样的图统计三种天气情况，有什么好处？

生：能一眼看出各种天气所占的百分比。

师：能说出这十天以什么天气为主吗？

生：以阴、雨天为主。

2.统计气温

师：天气情况不同，每天的气温相同吗？

生：不相同。晴天气温高一些，阴天气温低一些，雨天气温更低。

生：这不一定。2月24日是阴天，可气温很低；2月23日是中雨，却比22日（小雨）的气温还高一些。

生：还有，气温最高的2月19日是阴天，而不是晴天2月28日。

师：大家观察得真仔细，想得也很全面。那么，用什么方法能直观地看出这十天气温的变化情况呢？（可以画统计图）你打算选择哪种统计图？（折线统计图）为什么？（能迅速、清楚地看出气温的变化情况）

师：请一、二两组的同学画最低气温的折线统计图。三、四两组的同学画最高气温的折线统计图。

学生画2月15日至24日最低、最高气温统计图。

师：从折线统计图上能看出最低气温有怎样的变化？（前5天很平稳，后4天逐步上升，最后一天气温突然降低）最高气温呢？变化怎样？（时高时低，但波动不大，最后一天降温显著）

师：你能求出最低气温与最高气温各自的平均气温吗？（分组完成。前者3.5℃，后者11℃）

3.寻找温差

师：最近几天，你清早起来感觉怎样？到了中午呢？

生：大清早感觉很冷，中午就感觉不那么冷了。体育课上，还觉得很热。

师：你能从气温中找到答案吗？（引入"温差"概念：最高气温与最低气温的差）

师：请大家求出每天的温差各是多少。（9、11、9、11、12、5、5、6、3、4。

单位：℃）

师：用什么统计图最容易看出温差的大小？为什么？（条形统计图。既能看出每天的温差，又能互相比较。）

学生给出条形统计图。

师：温差普遍怎样？（普遍较大）最大是多少℃？（12℃）温差大说明什么？对人体有什么影响？

生：温差大，说明早晚与中午的气温差别大。

生：一冷一热，人容易感冒。

生：第十天突然降温，人更受不了，容易生病。

4.比较风向风力。

师：这十天的风向怎样？

生1：各种方向的风都有。

生2：偏北的风较多。

生3：偏东的风也较多。

生4：西风很少，只有2月18日那一天是西风。

师：风向各不相同，风力呢？（基本相同）在这样的风力下外出，你有什么感觉？

生5：迎风打伞很艰难，伞都拿不住。

生6：我骑车上学时顺风，速度快，还省劲；回家时速度很慢，还累得腿发酸。

### 三、总结归纳概括

师：上完这节课，你有什么想法？

生1：原来天气记录中也有很多数学问题。

生2：做什么事都要细心观察、认真思考。

生3：我们要学会随着天气的变化穿衣服，不要受凉生病。

生4：我们的生活中肯定还有许多数学问题等着我们去发现、去研究。

师：大家说得很好，希望同学们能在今后的生活中，多观察、多分析，用数学思维去思考问题，用数学知识去解决生活中的实际问题。

# 第四节　我帮爸爸铺地砖

**活动内容：**

长方形、正方形的面积计算。

**活动目标：**

1.熟练地运用长方形、正方形的面积公式计算出客厅的面积及所铺地板砖总共需要的块数，运用所学知识学会画设计方案图，并渗透比例知识的学习，培养学生灵活使用计算方法。

2.通过对客厅铺地板砖方案的设计，培养学生运用所学知识解决实际问题的能力。

3.培养学生的数学意识和创新精神，并在实践中对学生进行美育渗透，培养学生的审美意识。

**活动准备：**

1.全班48个同学，每8人为一组，以小组为单位对已经装修了的家庭进行有选择的参观，参观时要求学生量一量客厅的长和宽各是多少米，再数一数一共铺了多少块地砖，观察一下别人是怎样铺地砖的。

2.每位同学准备边长为50厘米的正方形硬纸板2个，剪刀一把。计算器每人一个。

3.电脑一台，多媒体课件及设计图。

4.教室分隔出一部分作为模拟客厅。

**活动过程：**

## 一、故事引入，激发兴趣

师：小明家最近购买了一套宽敞明亮、外观很漂亮的商品房。晚上，小明放学回家，爸爸告诉他准备给客厅铺上地板砖，要小明帮助他算一算需要购买多少块地板砖。小明虽是高年级的学生，可以前从没接触过这种实际问题，这

下可难为他了，因为购买多了浪费，少了又不够用，怎样铺才能使客厅美观大方？同学们，你们能不能帮助小明爸爸设计一下并算一算呢？我们必须要知道哪些条件才能做好这件事呢？

## 二、联系实际，合理计算

小明家的客厅长6.32米，宽3.34米；地板砖一般为正方形，边长为50厘米。要求学生运用学过的知识用计算器独立计算，每个小组选一个典型的计算过程进行汇报。教师运用电脑大屏幕展示学生列式计算出现的各种方法：

第①种方法：先算出客厅面积：$6.32 \times 3.34 = 21.1088$（平方米）；再算出一块正方形地板砖的面积：$0.5 \times 0.5 = 0.25$（平方米）；最后算需要的地板砖块数：$21.1088 \div 0.25 = 84.4352 \approx 85$（块）。

第②种方法：先算客厅的面积：$6.32 \times 3.34 = 21.1088$（平方米），因为四块边长为0.5米的正方形拼成一个大正方形后面积为1平方米，所以需地板砖块数是$4 \times 21.1088 = 84.4352 \approx 85$（块）。

第③种方法：先算客厅长一排铺多少块：$6.32 \div 0.5 = 12.64 \approx 13$（块）；再算出客厅宽一排铺多少块：$3.34 \div 0.5 = 6.68 \approx 7$（块）；算一算客厅一共铺多少块，（长×宽）：$13 \times 7 = 91$（块）。

老师与学生一起讨论哪种方法比较合理，能够解决实际遇到的问题。通过图示分析得出第③种方法最好，比较符合实际，不会出现一些切得太碎的地板砖拼凑在一起，这样布局也比较美观。

电脑多媒体出示第③种方法在大屏幕。

## 三、讨论合作，设计方案

根据你们参观过的已装修的客厅及自己的想象，你能帮助小明的爸爸设计一下客厅里的地板砖怎样摆放才能做到美观、大方吗？

每个组先展开讨论，经过充分酝酿，每个同学都动手画一幅客厅地面的简单示意图。每组选一个最好的设计方案，用大屏幕来展示。要求每组选一个代表说一说你设计的理由是什么。看哪一组设计得最好。用电脑大屏幕展示8个组学生设计的草图，可能出现以下几种情况：

①用边长50cm的方砖并列铺；②用边长50cm的方砖错位铺；③中间用边长为50cm方砖，四周用红色地砖；④用边长50cm的方砖斜着铺。老师与学生研究哪种方案好，推荐给小明爸爸做参考。

## 四、共同参与，动手实践

根据8个小组的设计方案，运用多媒体展示，请每个同学用准备好的"地板砖"（硬纸板做的）在地面上（模拟客厅）顺次铺，铺好后请同学们欣赏并加以点评。

教室前面宽6.32米作为客厅的长，向后延伸3.34米作为客厅的宽，把前面隔离成了一个长方形的小客厅。学生根据小组的设计把硬纸板（长方形边长为50厘米）在客厅上一位接着一位由组长负责规划进行摆放。

师生共同讨论，分析怎样才能把地板砖铺得整齐、美观、图案完整。教师启发学生每一横排（或竖排时）可两头拉一条直线，同学们只要沿着直线铺砖就能铺得整整齐齐。

## 五、活动小结，发散联想

小明的爸爸妈妈看到同学们帮他们家动手设计这么多种漂亮的地板图案既省料又美观，非常满意，直夸同学们能把课本所学的知识灵活地运用到实际生活中去。

师：通过本节活动课你受到什么启发？在日常生活中（或在布置装饰家居时）还有哪些方面要根据实际情况灵活运用所学知识进行计算？

例如：做窗帘不能只量窗户的长和宽算窗户的面积，而要让长和宽都比实际长一些才能起到遮光、美化的作用。

# 第五节　汽车车牌与数学

**活动内容：**

汽车车牌与数学。

**活动目标：**

认识汽车车牌号码各个部分表示的意思，培养学生运用所学知识解决实际问题的能力。

**活动过程：**

## 一、引入

1.师问：同学们，你看见过这个东西吗？（出示一个车牌）

生：见过。

师问：在哪些地方看见过？（马路上、车库里）

（屏幕出示汽车的照片，有小汽车，还有大客车）

这些车上都有什么？（车牌）

2.这么多的车牌，你能找到两个相同的车牌吗？

师介绍：其实车牌上面有很多的秘密，下面我们把这些秘密一一揭开。

车牌上，小圆点把它分为两个部分，小圆点前是说明车的所属地区。如屏幕所示：粤T·0001中，"粤"是代表广东，不同的字头就代表不同的省份，像"黑"就代表黑龙江省，像"川"就代表四川省；车牌上字头接着的字母是代表市，像"T"就是代表我们中山市，像"C"就代表深圳市，像"A"就代表广州市，"E"是佛山市等。剩下的这个字母和数字就是各个市给他们全市的汽车按登记的顺序起的名字，首先由字母A开始，数字部分从1开始。

师问：请同学们猜一猜，我市第一辆登记的汽车车牌号码是什么？第二辆又是什么？A字头的最后一辆又是什么？A字头的汽车一共有多少辆？A字头完了，就到什么字头？

## 二、 探究新知

### (一) 活动一：认数

1.屏幕展示多个车牌。

师说：老师在马路上收集了一些车牌，如果只有它们的数字部分，在数字上加上数位顺序表，你能把它读出来吗？挑自己最喜欢的读给小组的同学听。（个别—小组—个别）

2.其中一个车牌问："你们能把我们几个数按从大到小的顺序来排一排吗？"

学生在草稿本上试排，请一位学生汇报。

### (二) 活动二：统计

1.师说：现在又跑来了一些凑热闹的车牌，这么多的车牌，我们给它们分分类，好吗？可以怎么分？引导学生先按本地车牌和外地车牌两类来分。

师问：哪类车多？我们来统计一下。为了统计的准确性，统计时老师点着一个，你们记一个。学生完成统计表。

在实物投影器上放一个同学的统计表订正。

师问：从统计表里，你发现了什么？

2.师问：除了刚才的分类方法以外，你还能想到什么分类的方法吗？（引导学生找：首位的单、双数，车牌里是否有"0"的，车牌里是否有"1"的，……）

课后我们还可以选择上面的分类方法进行统计，看又能发现些什么。

### (三) 活动三：车牌的周长计算

1.师说：认识了这么多的车牌，它们也想下来跟我们一起玩。

老师给每组发下去每组一个车牌，然后提问：你们之前不是学了周长的计算吗？请你们帮我算一下周长，行吗？

师问：大家愿意帮忙吗？在计算前我们先要做什么？（量长和宽）

学生开始活动。

（学生汇报，师板书：长：44厘米 宽：14厘米）

周长：44+14＝58（厘米） 58×2＝116（厘米）

2.如果把两个车牌拼起来，可以拼成什么图形？

请学生上来试一下，把两种拼法分别拼给同学看。问：拼成的是什么图形？

师问：拼成的新长方形的周长又是多少？请同学选自己喜欢的拼法进行计算，在计算前先把图画出来。请两位同学到黑板上做。

3.师问：除了两个两个地拼，还可以怎么拼？

### （四）活动四：找规律

1.出示车牌粤T·N3721。

师问：小娟的爸爸买了一辆车，车牌是粤T·N3721，小娟想很快地把车牌记下来，方便能在路上一眼认出爸爸的车。你们有什么好主意？你发现上面有什么秘密吗？

引导学生找出3×7=21的规律。

2.师问：小组里的车牌，你们能找出它们的规律吗？

小组里进行找规律活动。

请小组代表说说自己组找到的规律。

3.师问：请同学再找找屏幕上其他车牌，还能找到什么规律吗？

## 三、总结

1.这节课你学到了什么？

2.师：这节课真开心，原来我们每天都能看到的、满街都是的车牌是我们数学的好朋友，里面藏着那么多的数学知识。其实，只要我们细心观察，就会发现身边还有很多事和物也是我们数学的好朋友，也是藏着很多数学知识的。

# 第六节　数字的妙用

**活动内容：**

身份证号码。

**活动目标：**

课前、课中和课后的实践活动使学生了解身份证的一些常识及其中的科学性，初步掌握数字编码方法，培养学生探求知识的兴趣和解决实际问题的能力，使学生感受到数学与生活的密切联系。

**活动准备：**

请学生用一周时间通过各种渠道了解5-10个人的身份证号码以及身份证的有关常识。

**活动过程：**

## 一、创设情境，引出课题

故事引入：一个不法分子制作了一个假身份证，但当他拿着这个假身份证到银行冒领别人的巨款时，却被一个普通营业员识破了。其实这个假身份证做得无可挑剔，完全可以以假乱真，可为什么被营业员看了一眼就识破了呢？原来身份证的号码中的每一个数字，都有它的作用。身份证中代表性别的号码是有区别的，制假的人疏忽了这一点，所以露出了破绽。

身份证是我们每个同学将来都要用到的，我们长大后每个人都会有一个属于自己的身份证，我们今天一起来研究身份证编码的规律。（出示课题——数字的妙用）

## 二、出示材料，反馈信息

请学生汇报调查了哪些人的身份证号码，是通过什么渠道了解到的。展示部分调查来的身份证号码，并对学生踊跃参加实践活动提出表扬。

【说明：现代人需要收集、处理信息的能力。从一定意义上讲，收集、处

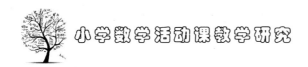

理信息的能力是人的生存需要，我们应当让学生学会对大量信息进行收集、处理，从而发展思考力和创造力。表扬收集信息方法较好的同学，其实就是教给学生收集信息的方法，对提高学生收集信息的能力大有裨益。】

## 三、分组讨论，探索规律

1.请同学们分组交流课前了解到的身份证编码的知识。

2.分组汇报各组同学了解的有关身份证编码知识，估计会出现以下结论。其间教师穿插出示一些号码，并提出一些问题。

（1）身份证号码有18位和15位之分。

教师出示两组号码让学生观察，然后提问：为什么有两种？以后要不要统一？增加的三个数字在什么位置？

（2）前两个数字表示省份。（如34代表安徽省）

（3）第3、4位上的两个数字表示城市。（如03表示蚌埠市）

（4）第5、6位上的两个数字表示县（区）。（如02表示东市区，04表示西市区等）

（5）第7～12（或7～14）位上的数字表示某人的出生年、月、日。

提问：为什么7月用07表示而不用7呢？

（6）年、月、日后面的两个数字表示居住地所在的派出所。

（7）老身份证的第15位、新身份证的第17位表示某人的性别。（单数表示男性，双数表示女性）

（8）新身份证的最后一个数字是前17个数字按一定的公式加减乘除得来的，作为个人信息码，有的也用X表示。（如果学生回答不出这个问题，可由老师向学生说明这个答案，并告诉学生是老师向派出所工作人员请教得来的。）

【说明：传统的教学方法，教师讲，学生听；教师问，学生答。本节实践活动课改变这种方式，让学生分组讨论、相互交流信息，共同探索新知识，切实把学生放在主体位置，有利于学生的发展。】

3.小结：表扬学生主动探索的精神，并将以上知识进行总结归纳，然后提问。

（1）身份证有什么用

在学生回答后，教育学生将来要注意保管好自己的身份证，不要借给他人使用。

（2）身份证号码要表达的意思用文字能表达吗？既然可以，为什么还要用数码来表示？

与学生共同探讨，总结出编码的优越性和科学性。

【说明：结合实际，使学生了解身份证的作用，体会到数字与生活的密切关系。】

4.考一考：出示身份证号码，请学生说一说你了解到什么信息。

5.想一想：你的身份证号码可能是多少？（编写后在组内交流）

【说明：这一环节设计，既检查了学生掌握身份证常识的情况，又给学生一个想象的空间，让学生去设计、去创造。】

## 四、联系实际，拓展思维

1.了解身份证编码的知识，你还能想到哪些问题？

2.引导学生举出生活中运用数字的例子。（电话号码、车辆号码、邮政编码、商品编码、学号、报刊的刊号等等）

3.小结。

数字编码与我们生活息息相关，编码有许多学问，用到许多数学知识。

## 五、提出问题，再次实践

分组讨论以下问题，然后分组派代表汇报，其他同学可补充完善。

1.学校六年级有5个班，要想给每班每个学生都编一个号码，从中可以看出是哪个班的同学，需几位数，怎样编。

2.汇报编号情况。（用三位数即可，第一位表示班级，第二、三位表示学号）

3.从107、210、528你可以了解到什么信息？

4.如果还想从编号中看出是男生、女生，该怎样编？

5.如果给全校学生都编一个号，需几位数？

## 六、引伸探究，培养能力

1.总结这次实践活动情况，评价学生参与活动的表现。

2.布置课后实践作业。

有兴趣的同学可以利用休息时间，调查邮编的编码方法和邮政编码给我们带来哪些好处。

# 第七节　巧测体积

**活动内容：**

不规则物体体积的计算。

**活动目标：**

通过对不规则物体体积的计算方法的探讨，训练学生的求异思维，培养综合实践能力；提高学生运用所学的数学知识解决实际问题的能力；激励学生积极探索、勇于创新，从而激发学习数学的兴趣。

**活动准备：**

1.每组准备一个长方体透明容器，水，不规则物体若干个（如瓦块、石块、鹅卵石、土豆、沙粒⋯⋯）。

2.每人自备笔记本、笔、草稿纸、直尺、橡皮泥。

3.将全班分成6个小组，每组确定一名组长，领导组织本组的实验。

**活动过程：**

## 一、直观感知，揭示课题

1.观察讨论

先让学生观察长方体，说出其特征和其体积的计算方法。

接着让学生观察橡皮泥、铁块、鹅卵石等物体，提问：你能说出它们的形状吗？它们的体积该怎样计算呢？

2.教师揭示

今天我们准备的这些物体不像长方体、圆柱或圆锥那样形状规则，因此一般称这些物体为：不规则物体（板书）。

## 二、启发诱导，进行实验

今天我们就一起来探讨不规则物体体积的测量方法（出示课题）。

教师出示橡皮泥、土豆、铁块让学生观察，设置问题：

同学们都很聪明，看谁最先想出计算它们体积的方法。（给学生充足的思考时间，同组也可展开讨论，然后交流）

让每一组的代表发言。

1.把橡皮泥捏成长方体，量出它的长、宽、高各是多少，就能计算出它的体积。

2.把橡皮泥捏成正方体，量出它的棱长，同样能计算出它的体积。

3.把土豆煮熟后，放在模子里压成长方体。

4.把土豆煮熟后，放在模子里压成正方体。

5.将铁块溶化成铁水后倒入长方体或正方体的模子里，把它变成长方体或正方体……

人人动手，拿出橡皮泥来验证前两位同学说的方法是否可行。（教师巡视，对有困难的同学给予指导帮助）汇报计算结果。

同学们真聪明！很能干！如果我们面对的是瓦块、石块、鹅卵石不易改变它们的形状或者不允许改变物体的形状，又该用什么方法来计算它们的体积呢？

请同学们分组试验，找到比较好的办法。先小组展开讨论，确定方法，研究试验操作的步骤，然后在组长的带领下动手进行操作。（留给学生充足的时间）

## 三、具体操作，总结方法

1.分组汇报（计算的是什么物体的体积，它的体积是多少？重点汇报操作步骤）。以其中的一个小组（第四小组）为例，试验计算的是鹅卵石的体积。它的体积是144立方厘米。

试验步骤。

第一步：测量长方体透明容器底面的长、宽各是多少厘米。（长12厘米，宽10厘米）

第二步：将鹅卵石放入长方体透明容器里，然后加水至水面高出鹅卵石为止。

第三步：拿出鹅卵石，测出容器内水的高度，做上记号。

第四步：再把鹅卵石放入容器，测量水面上升的高度。（1.2厘米）

第五步：计算出高出的水的体积。$12 \times 10 \times 12 = 144$立方厘米

2.请同学们对各小组的汇报（试验步骤）充分发表意见，指出优点和存在的问题，提出改进办法的建议。

有学生发表不同意见：我们组是先往容器里放入一些水，记下水面高度，再放入物体看水的高度是多少。求出两个高度的差，再算出体积。

3.教师根据大家的意见，小结操作步骤。

（1）测量计算出长方体透明容器的底面积是多少。

（2）向容器内注入适量的水以能浸没放入的物体为宜，给此时容器内水的深度做上记号并记录下来。

（3）将试验的物体放入容器内，测量此时容器内水面上升的高度，记录下来。

计算上升部分水的体积（底面积×上升水的高度＝不规则物体的体积）。也可用第二种方法，同样能算出不规则物体的体积。

4.同学们发言很踊跃，讨论的步骤清楚切实可行。现在就用你们研究的试验方法和步骤来测量不规则物体铁块的体积。教师带领大家操作。（各组长确定人员，分好每人具体做什么）

第一步：测量各组长方体透明容器底面或上面的长、宽各是多少，计算出底面积。

第二步：向容器内加入适量的水，测量水深，做上记号，记录下来。

第三步：把铁块放入容器中，测量水面上升的高度，记录下来。

第四步：计算上升部分水的体积。

各组汇报结果（略）。


## 四、释疑解惑，鼓励探索

1.为什么用水来试验呢？让学生充分发表意见，谈谈自己的想法。

教师根据同学们的意见总结。

水是液体，当物体放入盛水的容器中，能排开一部分水的体积，而排开的这部分水的体积恰好就是放入物体（物体占据一定的空间）的体积。我们只要计算出这部分水的体积，就可以间接地计算出不规则物体的体积了。一般我们称这种方法为"间接法"。

2.这也许就是数学的魅力吧，它告诉我们，在生活中如果遇到困难或不易解决的问题，不要畏惧，应多角度、多方位去思考，定能找到解决问题的好办法。

3. "曹冲称象""捞铁牛"的故事同学们早已熟知，如果我们面对的不规则物是个庞然大物或是细小的颗粒又该怎样去计算它们的体积呢？课后我们还可以展开讨论，把你的设想告诉老师。

# 第八节　长方体物品的捆扎

**活动内容:**

长方体和正方体特征。

**活动目标:**

1.结合教材中"长方体和正方体特征"学习,培养学生用数学知识解决实际问题的能力。

2.在摆捆扎算、看说猜验等一系列活动中,培养学生学习方法和思维能力。

3.能根据实际需要,选择适当的捆扎方法,同时培养他们的创新意识和创新能力。

4.渗透团结合作、珍惜他人劳动成果等思想教育。

**活动准备:**

1.课前教师把学生按每四人一组分好小组(以家住较近联系方便为宜,同时兼顾学习程度),布置学生利用休息时间调查家庭、学校或商店里一些长方体物体的捆扎情况,向家长或营业员请教捆扎方法。

2.上课时,学生仍四人一组,每组准备尼龙绳若干条,包装纸若干张,相同的长方体6个(可用学具盒代替),小剪刀1把。

3.教师准备放像机、相同的长方体6个,包装纸若干,尼龙绳,学生课本几摞(可用学生的旧书)。

**活动过程:**

## 一、活动引入

1.(放录像)一位同学过生日。在《祝你生日快乐》的歌曲声中,许多小朋友都献上了自己精心准备的小礼物。(镜头推近)每一个包装艳丽的礼品盒上都捆扎着"十"字形的红绸带。

师：同学们，这些红绸带、都是你们自己亲手扎上的吗？

生（齐声）：是的。

师：哪位同学愿意上讲台为大家表演一下。

一位同学上讲台表演捆扎方法，其余同学台下扎自己带来的长方体。

师：同学们，知道为什么要扎这"十"字形红绸带吗？

生1：图个喜庆、高兴。

生2：比较牢固。

生3：能增添些神秘感。

师：大家说得都非常好。下面我们看录像。

2.（继续放录像）书库门前，许多教师正在紧张地整理捆扎教材。他们根据教材大小多少不同，分门别类地把教材捆扎成各种大长方体形状。

师：在日常生活中，我们常常需要把几个相同的长方体捆扎成一个大长方体，以便于保存和运输。捆扎的基本方法就是我们在包装生日礼物时所采用的"十"字形法。但由于几个小长方体摆放的位置不同，因此捆扎所需的绳子和牢固程度也就不同。今天，我们就来研究这一问题。


## 二、活动展开


1.讨论2个相同的长方体捆扎情况。

（1）师：下面我们先来研究2个相同的长方体可以有多少种不同的摆放方法。同学们四人一组，摆一摆，并说一说。

小结：共有3种不同摆法，2个长方体的最小面重叠、次大面重叠或最大面重叠。

教师在学生汇报操作情况时，边听边把立体图形贴在黑板上。

（2）对于每一种摆放方法，同学们先用包装纸包上，再用尼龙绳捆扎好，扎成"十"字形，并计算出所需尼龙绳的长度。讨论哪一种扎法所需绳子最短。

小组操作、计算，汇报结果。以学具盒为长方体时为例：

①$12 \times 2 \times 2 + 7 \times 2 + 2 \times 4 = 70$（厘米）

②$12 \times 2 + 7 \times 2 \times 2 + 2 \times 4 = 60$（厘米）

③$12 \times 2 + 7 \times 2 + 2 \times 2 \times 4 = 54$（厘米）

可以看出，第③种摆法捆扎时所需绳子最短。

各小组讨论汇报完毕，大家看一看各组的结论是否相同。（结果不一定相同）教师还可让学生讨论不相同的原因。在实际教学时，如果各组汇报的结果都相同，教师可出示一种长12厘米、宽5厘米、高3厘米的长方体2个让学生捆扎并计算，第①、②、③种捆法所需绳长分别为70厘米、56厘米、58厘米，从而使学生得出第②种捆扎法也可能最短。

（3）再试一试，哪种捆法最牢固？

学生试验后回答：第3种情况（即最大面重叠时）最牢固。

2.讨论4个相同长方体捆扎情况。

（1）师：大家猜一猜，4个相同的长方体摆成一个大长方体有多少种摆法？

学生会有4种、5种、6种等猜法。

师：同学们试一试看到底哪位同学猜对了？四人一组，要一边摆，一边注意记录，并思考怎样摆才能既不会重复，也不会遗漏。

学生动手摆，教师巡视，注意启发帮助毫无章法、乱摆的小组，但也要注意教师不能包办代替。

学生汇报摆的情况。

生：有6种不同的摆法。

师：你们是怎样考虑的？

生：先考虑把4个相同的长方体都摆在同一层，有3种摆法；把4个相同的长方体摆成2层，有2种摆法；把4个长方体摆成4层有1种摆法，因此共有3+2+1=6种摆法。

学生边操作边回答，教师边听边把立体图形贴到黑板上。

（2）师：对于每一种摆放方法，同学们先用包装纸包好，再用尼龙绳捆扎上，扎成"十"字形，并计算所需的绳长。讨论哪种情况用绳最短。

汇报捆扎计算情况。

仍以把学具盒做长方体时为例，

（1）$12 \times 4 \times 2 + 7 \times 2 + 2 \times 4 = 118$（厘米）

（2）$12 \times 2 + 7 \times 4 \times 2 + 2 \times 4 = 88$（厘米）

（3）$12 \times 2 \times 2 + 7 \times 2 \times 2 + 2 \times 4 = 84$（厘米）

（4）$12 \times 2 \times 2 + 7 \times 2 + 2 \times 2 \times 4 = 78$（厘米）

（5）12×2＋7×2×2＋2×2×4＝68（厘米）

（6）12×2＋7×2＋2×4×4＝70（厘米）

由此可以看出，第（5）种摆放方法所需捆扎绳最短。

大家再比较一下，各组汇报的结论是否相同。

不一定相同，教师应视学生情况，布置讨论不相同的原因。

（3）师：再检验一下，哪种扎法最牢固？

生：第（6）种摆法捆扎起来比较牢固。

## 三、活动拓展

如果有更多的长方体，情况也将更加复杂。如刚才录像中大家看到的老师们捆扎课本，为了防止运输过程中书本被颠散，往往要捆扎成多"十"字。

教师可重新放第二段录像，重点突出多"十"字捆扎法。

在刚才4个相同的长方体捆扎时，有的就可以改用多"十"字法来捆扎。

教师以第（3）种情况来做示范，并让学生练习，然后说一说尼龙绳要比原来多用多少厘米，牢固程度是否增加。

学生操作，回答：现在要用尼龙绳168厘米，比原来多用84厘米，但牢固程度明显增强。

今天，老师还特地带来几摞书，同学们想不想亲自来捆扎一下课本？

同学们分组做捆扎练习，老师请捆得比较牢固的小组上台操作，另请一些同学检验捆扎得是否牢固。

## 四、活动总结

今天我们研究了长方体物体的捆扎方法。从今天的学习中我们可以看出，生活中到处都充满着数学知识。只要处处留心，我们就能学到许多课本上学不到的东西。下课后，有兴趣的同学还可以继续练习，看能不能创造出更省绳也更牢固的捆扎方法。

# 第九节　测量与面积计算

**活动内容：**

测量与面积计算。

**活动目标：**

1.通过本节实践课教学，能够根据具体情况选择适当的测量工具以及测量方法，进一步掌握求平面几何图形面积的计算方法。

2.进一步掌握计算器的使用方法。

3.培养学生从小热爱学校、关心学校以及小组合作的精神。

**活动准备：**

1.计算机、实物投影仪、计算器、表格（纸）、卷尺、笔。

2.将全班学生分成6个小组，分配测量任务。

六个小组分别观察：①前操场；②后操场；③南四楼平台；④东三楼平台和西三楼走廊；⑤南楼走廊；⑥北楼走廊，分别是什么样的平面图形，画出平面图，并测量出求这些地方面积所需要的有关长度。思考怎样求各场所的面积。

**活动过程：**

## 一、汇报

1.计算机展示学校立体模型图，问：这是什么地方？（我们的学校）

2.师：课前，请同学们调查了学校活动场所，并且测量了求各活动场所面积需要的长度，现在请小组分别汇报测量结果。

（1）依次展示各活动场所的平面图。

（2）将学生测量的数据依次填入表中。（实物投影）

（3）要求这些活动场所的面积，怎样计算？分组汇报。

第一组、第二组：我们测量的活动场所是一个长方形，计算它的面积用长

×宽。

第三组：我们是将四楼平台看成一个长方形，用长×宽算出面积，再减去楼梯间的面积。（补充条件：楼梯间的长是4米，宽是2.5米。）

第四组：东三楼平台的长与西三楼走廊的长相等，我们可以将两个平面图形拼在一起，这样宽等于14米加2米，长仍是18.7米，用长×宽求出面积，再减去办公室的面积。（补充条件：办公室的长是7.5米，宽9米。）

第五组：南楼走廊是一个长方形，用长×宽算出一条走廊的面积，再乘以4，就求出南楼走廊的总面积。

第六组：北楼一条走廊面积等于一个长方形的面积加上2个半圆的面积，也就是一个圆的面积，再乘以5，就求出北楼走廊的总面积。（补充条件：半圆的半径是0.9米。）

（4）怎样求学校的活动场所一共有多大呢？

生：将各场所的面积合起来。

## 二、活动

1.请学生分组使用计算器，分别算出表中各活动场所的面积以及学校活动场所的总面积，填入表中。

教师巡视每组活动，对学生实际计算中遇到的问题及时帮助解答。

2.汇报计算结果，得数保留整数。（投影出示）

前操场面积：1361m²，后操场面积：863m²

南四楼平台面积：691m²，南楼走廊面积：246m²

东三楼平台及西三楼走廊的面积和：863m²

北楼走廊面积：286m²，合计：3678m²

3.从这张表中的数据上看，你们能想到哪些问题呢？（分组设计问题，并解答）

生1：前操场比后操场大，大498m²；

生2：南楼走廊活动场地比北楼走廊活动场地小，小40m²；

生3：学校两个操场一共有2224m²……

师：如果知道全校学生总人数，可以算出平均每个学生在校活动场地大约有多少平方米吗？

师：我们学校一共有1788名学生，人均在校活动场地有多大呢？

学生使用计算器计算，汇报结果是3678÷1788≈2.06（m²）（得数保留两位小数）

师：据有关资料记载，小学场地验收达标合格的学校人均占地约14m²。（包括教室）

## 三、讨论

1.师：了解了上面这个数据，你有什么想法？

生：我们学校活动场地太小了，需要改善。

2.你作为学校的小主人，能给校长提一些合理化建议吗？

学生分组讨论，汇报。

生1：课间开放七楼平台，供上电脑课学生课间活动。

生2：开放体育活动室，将体育课分成室内、室外进行。

生3：与隔壁公园负责人协商，能否为学生提供一些安全的活动场地。

3.同学们的建议非常好，但有的建议要实现还需要一段时间。就目前学校活动场地较小的现状，为了保障同学们的活动安全，学校和同学们应采取哪些防护措施呢？

生4：除了教师值日外，在容易发生事故的地方，设立少先队值日岗，让学生和老师一起参与。

生5：同学们在走廊玩的时候，不要拥挤、奔跑，要注意安全……

## 四、小结

师：同学们刚才提出的建议非常好，老师代表学校衷心地感谢大家，并且希望同学们在学校绿化方面提些合理化建议，使我们的校园更加美丽。

# 第十节　找次品

**活动内容：**

找次品。

**活动目标：**

1.通过观察、猜测、验证、推理等活动，学会用天平找次品的方法，体会解决问题策略的多样性及运用"优化"的方法解决问题的有效性。

2.经历用天平找次品的过程，体验试验探究，发现运用的学习方法。

**活动准备：**

天平、多媒体课件、数字卡片

**活动过程：**

## 一、导入活动

1.出示天平教具。提问：这是什么？（天平），你知道天平的作用吗？它的工作原理是什么？

学生介绍自己对天平的了解，阐述天平的工作原理和特点。

学生可能会说出：天平有两个托盘，如果两个托盘里的物品质量相等，天平就保持平衡；如果不相等，重的一端就会向下倾斜，轻的一端就会翘起。

教师在学生发言的基础上，进一步说明天平的工作原理。

2.今天我们就运用天平来学习测次品的方法。（板书课题：找次品）

## 二、活动探究

活动一：

提出问题：有3瓶钙片，其中1瓶少了3片，你能设法把它找出来吗？

学生独立思考。教师鼓励学生大胆设想，积极发言。

全班交流汇报，教师记录。

（1）打开瓶子数一数；（2）用手掂一掂；（3）用天平称一称。

师：你准备用哪种方法？（天平称）

引导学生利用学具自主探索。可以用数字卡片代表3瓶钙片，想象一下，怎样找出少的那瓶。

学生独立思考，在交流中比较方法。

教师汇总学生的想法，并板书示意图帮助学生理解。教师在引导过程中要强调全班考虑可能出现的结果。怎么找？可能出现什么情况？说明什么？

学生可能会说出：把3瓶钙片分成三份（1，1，1），先在天平两端各放1瓶，如果天平平衡了，那么没有称的那瓶就是次品；如果天平不平衡，那么较轻的那一瓶就是次品，即只称一次就能把次品找出来。

教师用课件展示称的过程。

对应练习：完成教材第112页"做一做"。

活动二：

1.提出问题：8个零件里有1个是次品（次品重一些），假如用天平称，至少称几次就保证一定能找出次品？

（1）引导学生认真读题，理解题中"至少称几次就保证一定能找出次品"的含义。

学生回答是指肯定能找出次品的最少次数。

（2）师：你准备怎样找出称次品的次数呢？分成几份？每份各是多少？至少要称几次就能保证找出次品？

（3）全班汇报，教师引导学生阐述，并把不同的称法用课件展示出来。

| 每次每边放的个数 | 分成的份数 | 至少要称的次数 |
| --- | --- | --- |
| 4 | 2(4，4) | 3 |
| 3 | 3(3，3，2) | 2 |
| 2 | 4(2，2，2，2) | 4 |

2.根据同学们的汇报，教师引导学生归纳找次品的最优策略主要基于以下两点：一是把待测物品分成3份；二是要分得尽量平均，能够均分的就平均分成3份，不能均分的，也应该使多的一份与少的一份只相差1。

3.小结：把8个零件分成3份，至少称2次就能保证一定能找出次品。

4.请同学们按照老师归纳的方法找出9个、10个、11个零件中的1个次品（次品重一些），至少称几次就能保证一定能找出次品。

5.组织学生用文字和画线的方式找出次品，以小组为单位交流讨论画法。小组代表汇报，全班交流，教师用课件演示结论。

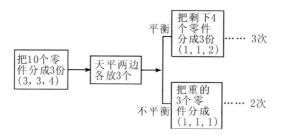

活动三：

归纳。用天平找次品时，所测物品数目与测试的次数有以下关系，（见下表）。（只含一个次品，已知次品比正品重或轻）

| 要辨别的物品数目 | 保证能找出次品至少需要测的次数 |
| --- | --- |
| 2 ~ 3 | 1 |
| 4 ~ 9 | 2 |
| 10 ~ 27 | 3 |
| 28 ~ 81 | 4 |
| 82 ~ 243 | 5 |
| …… | …… |

# 三、小结

通过这个活动，你收获了什么？